加納尚樹

ホテルに学ぶ図書館接遇

接遇

青弓社

ホテルに学ぶ図書館接遇

目次

もくじ

5

装丁――斉藤よしのぶ

図書館は SERVICE 業である。

まえがき

人と人の間にものがあれば、それはすべてSERVICE業だと筆者は考えます。

図書館も同じです。もの、という大きな観点で見れば、箱である建物があり、そのなかにはスタンディング（立ち型カウンター）かシッティング（座り型カウンターテーブル）の区画があり、そこではもの、つまり書籍や会話のやりとりがあります。その「もの（対象商品）」、いわゆる商品や会話を可視できる、または体感できるインフォメーションを付加価値に変えれば、そこはホテルのコンシェルジュカウンターのようになります。宝石や時計、化粧品やバッグ類に変えればそこはデパートや専門店の店舗、医療器具や薬に変えれば診療所や病院や調剤薬局、釣り具に変えればそこは釣り堀や釣り具を扱う店舗、飲食物に変えればレストランやファストフード店やバーにもなります。つまり、観点を変えれば図書館もまたSERVICE業なのです。

また、図書館への来館者を多くは利用者や利用者さまと呼びますが、本書ではゲストと呼びます。理由は、利用者という呼び方は図書館に特化しすぎているからです。ゲストとは、その施設を利用する人で、本を読んだり借りたりするだけではなく、図書館という空間を楽しみにくる人でもあり、顧客でもあり、その幅は広いという認識です。ニュアンスは少々違いますが、筆者が過去に指導をした病院でも、利用する人を「患者さま」ではなく「ゲスト」や「お客さま」と呼びました。もちろん、長年「患者さま」「患者」と呼び慣れていた病院関係者や、「私たちは医療でありサービス業ではない」と言い張るスタッフも多かったのです。しかし、さまざまなSERVICEをその医療施設でおこなうことによって、医療もSERVICE業の一つであることを認識して、以後は

「ゲスト」「お客さま」、または個人名で呼ぶことが定着しました。SERVICE業では、その施設を利用する人はすべてゲストなのです。

では、なぜそこまで図書館をSERVICE業と言い続けるのか、この類いの質問は、実際に図書館で講演をしたときにもよく出ます。筆者は、図書館がSERVICE業のなかで最も心を伝えられる場所だと感じています。幅広い年代とその時々にふさわしい書との出合いや再会。点字を含む言語や絵、映像全般を通じて双方の学力や経験向上にもつながる。どのSERVICE業も「もの」に対して多くの時間と手間、そして何よりも人の心が入っています。本は人の心や人生をも変えることができる魔法の紙です。そこに「接遇」が加わると、その本に、そしてその読者に笑顔や目には見えない価値がもたらされます。それは決して押し付けやおせっかいではなく、どこかさりげなく、魔法の杖でさっとゲストの頭上にきれいな星をちりばめるイメージです。

本書では、SERVICEを解剖して、日本で初の図書館接遇を科学的に記します。科学的という言葉を使用することは、科学の専門家にははなはだ失礼ですが、SERVICE業は理系の学問であり、そのなかでも接遇は異業種からの言動を取り入れ、数十万人の実践接客から導いたものです。あえて科学という言葉を使用することを理解していただけたら幸いです。本書で提示する技巧がみなさんの図書館に根づき、日本ならではの接遇としていずれ広く浸透することを願います。異業種出身の筆者が、外からみた図書館SERVICEの感想と提案を素直に書きます。内容は、ホテルやハイレベルなSERVICE施設との比較や理想創作ではなく、各図書館で応用できる接遇です。みなさんのゲストをより快適にさせるヒントを感じて実践してもらえれば幸いです。また、図書館以外でも応用できる教科書としてまとめていますので、参考になさってください。

＊

あなたはスタッフとして、この本を商品としてどのようにゲストに渡しますか？

本のどこを持つか、何と言って渡すか、どの角度か、渡すスピードは、片手、両手、手を添えるべきか、本を見るのかゲストを見るのか、笑顔、会話……。

その答えは、接遇で明らかにできます。

第1章　本との出合い

扉を開けて、まずは深呼吸。

どことなく懐かしい印刷の香り、そして書店とは異なる歴史が折り重なった紙の癒しの香り、ページをめくったり本を棚に戻したり、そこにブックトラックやペンを走らせる音が加わり、自分自身がこれから学んで成長したり癒されたり、自分に合う書と出合ったり再会したりする瞬間……。何とも言えず、思わず笑みが浮かび、深く吸い込んだ空気が体のなかをスーッと心地よく流れます。

少しだけ時間を忘れて、目当ての書のコーナーへ向かう。スタッフの優しげな笑顔と小声のあいさつが高揚感をさらに高めます。地元のこの図書館には引っ越してからもう十年以上通っています。本を数冊じっくりと選んで図書カードを渡す。スタッフとも顔見知りで、本の貸し出し処理をしながら約一分間、その本について何げない会話をもつ。その会話が本の価値を高め、本をより大切にしたくなり、また図書館を訪れたくなる。本だけではなく、そこでの何げない時間や会話もまた楽しみになるのです。

すべての図書館利用者が筆者のような心持ちでは図書館にいかないでしょう。ときに何となく、宿題や課題を終わらせるために来館したり、雨宿りでとりあえず子供と立ち寄ったり、ただ昼寝にきたり、などという人もいます。

筆者が図書館の SERVICE 指導を始めたころ、最初の質問は「不機嫌なゲストや寝ているゲストへの注意法や図書館利用以外の利用者への話し方」、いわゆるクレーム処理にも似たものでした。筆者が SERVICE で重視しているこど、それは、ゲストのニーズに応えることは当たり前で、それ以上にいかに各個人にピンポイントに、WOW（感激・感動）の言動が発動できるかです。利用者との距離感を見抜く。その距離感に気づくには、次の四つ——サービス、おもてなし、マナー、接遇を理解し実践することです。これから説明をしていきますが、本気で図書館利用者の気持ちになるためには、まずはSERVICEを柔軟に受け入れ、自身の心の懐を常にゆとりをもって広げていくことから始めましょう。

ここからは、図書館で働く職員をスタッフと呼び、利用者をあえて顧客や幅広い意味をもつゲストと総称します。

1　ゲストとスタッフ

図書館の接遇を説明する前に、まずはみなさんに本書の方向性を伝えておきます。

本書は、SERVICE業からの観点で図書館の可能性やヒントを紹介していきます。SERVICE業では、限られた空間のなかでどうすればゲストに喜んで満足してもらえるかが大切です。その過程には、予算や規約などの壁（時折、妥協ポイントともいいます）がたくさんあります。しかしゲスト（施設を利用する人たち）からすれば、そのわずらわしさは必要なく、できればふれたくないものです。ときにその壁はゲストの苦言になったり、ゲストの居心地の悪さになったり、さらにはスタッフのストレスや不満にも変化します。キーワードは「双方の自由な時空間」なのかもしれません。

本書にはSERVICEに関することを多く記載しています。そのSERVICE内容を読んで、単に比較をして実践すれば館内が劇的に変わるものではありません。地域特性や継続することも重要ですし、それ以前にスタッフのみなさんが同じベクトルを向き続けないといい環境は絶対に合格点にはなりません。特定のスタッフだけがゲストの評判を勝ち取るだけの施設ともなりえます。

①図書館　↓　人　↓　環境

図書館を作り、スタッフを教育する。そしてできた図書館の環境。

②人　↓　図書館　↓　環境

スタッフがいて、方向性を合わせ、そして地域に適した図書館の環境を作る。

実は、①と②は結果が同じではなく、その後の環境や快適性は大きく変化していきます。そして図書館のSERVICE環境をよくする、よくしたいときには、必ず②の方向で改善をしなければ時間がかかります。それを実践しなければ、高い確率で、短期間でまた元の環境に戻ります。これは図書館だけではなく、すべてのSERVICE業にも通じて言えることなのです。

本書をより深く理解して実践するには、まずは②の方向に頭を切り替えて、チームを牽引してください。最初にみなさんの図書館のコンセプトを決めます。あなたの図書館のコンセプト、売り、つまりあなたの図書館はどのような館ですか？　そのコンセプトどおりに全員が同じベクトルで動いていますか？

ゲストの満足度が高い施設、SERVICEレベルが高い施設では、スタッフの足並みがそろっているものです。もちろん、施設長がSERVICEの重要性を高い位置で理解していることも前提です。これは図書館をはじめ、どのSERVICE業でも同じです。違うのは、基盤のコンセプト序列です。世界的に有名なあるテーマパークでは、SERVICEよりも安全や礼儀を先に考えます。ある世界的ホテルチェーンでは、日々スタッフがゲスト同様の紳士淑女として高きゲストを迎え入れます。ある図書館では、ゲストの利用用途に応じて館内を明確に区分し、飲食や会話も楽しめる。ある図書館では徹底的に静寂を保つ。さまざまなカラーがあれば、ゲストは選択肢が増えます。図書館を選べるようにするのか、それとも同じ図書館のなかで選択肢を増やすのか、すべてはみなさんのベクトルありきのコンセプト次第です。コンセプトは一つでなくても結構ですし、選択肢は複数あってもかまいません。ただ無理をせず、できる範囲で序列（優先順位）を決める。ゲストの動きや快適性が定着してきた状態で、時代の流れを熟考しながら肉付けしていきます。環境創作や改善が完全に定着するには二、三年かかります。その期間よりも長くかかる場合は、ゲストの定着は少なく、スタッフの満足度も反比例して低くなることが多いです。つまりゲストは不快や飽きを感じ、その施設から離れます。二、三年後に環境が整えば、そこからは欲張らず、ときには引き算で環境を整え続けることも重要です。本書の第3章でも説明しますが、ものを極力置かない、増やさない引き算の考え方です。人が、スタッフが、多くをカバーするのです。環境が整えば、ゲストには施設のコンセプトやある種のルール「館内規約」が末広がりで伝わりやすくなります。日々のサービスの点数が八十点以上の維持管理が大切なのです。この点数内容に関してもあとで説明します。また図書館関連の会社であるキハラでは、現在、SERVICE の点数が可視できるような取り組みを進めています。興味がある図書館のみなさんはぜひ連絡してみてください。みなさんの図書館の SERVICE を点数にして提示します。

サービス業で重要なこと、それはずばり SERVICE です。SERVICE を解剖するとその定義が出てきますが、本書では接遇を重視するためにサービスは SERVICE と書き換え、そのなかには四つの分野があると定義します。サービス業と SERVICE 業は中身が違うということを理解してください。

2　サービス業と SERVICE 業

サービス業とはサービスを主とする業種です。詳しくは次の SERVICE の節から順に説明します。

SERVICE 業とは、以下の四つ、サービス／おもてなし／マナー／接遇、の総称です。つまり、四つを使いこなすことができる業種です。多くの人が無意識におこなっていることも多々あります。

・サービス
・おもてなし
・マナー
・接遇

ここで読者のあなたに質問です。あなたは、この四つの違いを理解していますか？　質問を変えましょう。あなたの図書館では、この四つのなかのどれをゲストに提供していますか？　または、この四つをあなたの現場ではどのように使い分けていますか？

過去によく出てきた質問への回答例です。「図書の提供がサービス、おもてなしは笑顔、ゲストにあいさつをすることがマナーで、接遇は……」。間違いではありません。なぜならば、辞書やパソコン検索結果でも、この四つの定義には多少の温度差があったり頻繁に変更されることもあるので、講師陣でさえその定義が異なり、あなたもまた明確には回答できないのではないでしょうか。それほど、SERVICE という言葉が示す内容はあいまいです。ただし、四つの言葉の意味の方向性はほとんど同じという非常に難しいものなのです。

本書では接遇をテーマにするので、それをわかりやすくするためのポイント――SERVICE の定義を記します。

3　SERVICE の解剖――サービス

まずはサービスの三つの定義です。「おまけ」「ニーズ」「面倒くさいことの代行」という三つの定義について説明していきましょう。

おまけ

あなたがひいきにしている飲食店。何度か通ううちに名前も覚えられて、料理やビールを一杯サービスしてくれるようになりました。これは顧客に対するおまけの要素であり、スタッフ側からすると、もので顧客をより顧客にしようとするアクションでもあります。文具店にいけば鉛筆を十本購入したら消しゴムを一個プレゼント、コンビニで対象の菓子を三個買うとクリアファイルをプレゼント。これも、購買意欲を誘うサービスのひとつです。

筆者もよく先輩から定義を教えられました。その多くは、経費がかかるものがサービス、かからないものがおもてなし、ということです。SERVICE業を追求していくと、時代の流れもあり、どうも経費の有無による分類は現代ではズレているようにも感じます。言葉一つでも、そのゲストだけへの特別なメッセージであれば、ゲストは施設やあなたに対してサービスのよさを感じるはずです。言葉一つのサービスとは、例えばみなさんの前にゲストがきます、そのときに……。

ゲスト　初めてこの図書館を利用するのですが、子供にお薦めの本はありますか？
スタッフ　ありがとうございます。児童書は奥にたくさんあります。ご利用ください。

このやりとり、間違いではありません。その図書館の稼働状況に応じた、もしくは館のルールやマニュアルに応じた接客なのかもしれません。ただ、どうでしょうか、少しだけ冷たさを感じるのではないでしょうか。もしこのゲストが自分だったら、スタッフにたずねたこと、問うたことに対して適切な、希望どおりの、あるいは希望を超えた回答だったのでしょうか。接客に百点はありません。ただ、正解はあるのです。このゲストは、図書のプロであるスタッフに自分の子供にいちばん合う本のヒントを教えてほしかったはずです。しかし、初めて出会う人（子供）の趣味・趣向がわからずに正解を導くことは非常に難しいのです。そこで、今度はおまけにつながるような応答例を示します。

ゲスト　初めてこの図書館を利用するのですが、子供にお薦めの本はありますか？
スタッフ　はい！　ここには約一万冊の児童書があります。〔子供に対して〕きょうは図書館に来てくれてありがとう。ここにはた〜くさんの本や絵本があって、あなた〔子供へのファーストコンタクトは大人同様にします〕に合うものがきっとありますよ。いま、あなたがいちばん好きなものは何ですか？

ここからはスタッフの腕の見せどころです。その子が虫といえば〇〇、車といえば△△、迷路といえば、色で答えれば、文字が好きなら、苦手なら……。そして一つではなく、複数のヒントや提案をすれば、きっとその子は心を開き、また、横で話を聞いていた父親や母親も笑顔になるでしょう。もしも少しでも時間があればそのコーナーに同行したり、帰り際には子供に笑顔を見せたり、周りの状況を判断しながら名前で呼んだり、このような一歩踏み込んだ言動こそが現代サービスでの「おまけ」なのです。もちろん、図書館の個人情報に関することには十分な配慮が必要です。ポイントは、ファーストコンタクトは極力図書館のルールに従ったマニュアル的な対応を、そしてゲストの反応を観察しながらの二言目、セカンドコンタクトでは、柔軟に応対します。つまり、ゲストの反応に応じて堅苦しすぎずに、おまけという付加価値の言葉をゲストに使用していくのです。経費をかけなくても数秒かければゲストを十分に満足させ、そのゲストをみなさんの図書館のファンにすることも可能です。これらは図書館をSERVICE業としてステップアップさせたいという方向からの提案でもあります。現代サービスへの多くの苦言は、プラスアルファ（おまけ）がないこと、足りないことが原因だと断言します。この数秒を大切に使うか、「そんな時間はない」とやらないか、あとはみなさんの考え方（サービス精神）の選択です。

時間の使い方や作り方のヒントは、あとで述べます。

【ポイント】
ゲストの「お薦めは？」という質問に対して、流行本や有名な本を紹介することは簡単ですが、そこでいちばん大切なことは、その子（ゲスト）にとって、最も興味があり、実になる本。あなたではなく、その子にとっての正解を親身になって導くことと、親との絆を強めることが重要なのです。オーダーメイド感を大切にしましょう。きっと、おまけのよさが体感できますから。

ニーズ

筆者が思うに、図書館ではゲストのニーズに応えることがいちばん重要だと思います。ニーズとはゲスト発信であり、スタッフ発信ではありません。例えば、歯が痛ければ歯科にいきます。産婦人科にいくことはまずないでしょう。医療では、ゲストのニーズに合わせた最良の医療サービスの提供が求められます。もちろん、その流れは図書館でも必ずあるはずです。本を借りたいから図書館へ向かう。例題どおりであれば、ゲストのニーズに合わせた施設なのです。

しかし、ここには大きな落とし穴があります。もの（商品）があっても、その箱（施設）の利用用途が異なる可能性があれば、ゲストはその施設を複数の選択肢のなかから利用できるのです。勉強、宿題、昼寝、恋人と過ごす学びの時間、何となくの立ち寄り……みなさんは、その用途の広さを理解したうえで図書館を運営しているのではないでしょうか。もし理解していないのであれば、その図書館ではおそらくゲストの図書館利用マナーに対しての不満が多くあるはずです。昼寝をする人が多かったり、大声で話したりマナーが悪かったりするゲストへの注意、そして口頭では伝わらないから貼り紙を増やし、壁がテープ類で汚れ、館内の景観が悪化する。

ここで、サービスを向上させるために方向転換します。ゲストから苦言が出るのであれば、その対処法を推進するのではなく、まずは自身の施設の利用可能性を再認識し、ときにルールにして、ゲストニーズを極力受け入れる分母を増やす努力をしてほしいのです。もちろん、何でも受け入れるのではありません。その図書館としての売りをゲストに提案し続けるのです。

長野県塩尻市立図書館は、人的 SERVICE のなかでも重要な、入り口が非常にいい印象です。SERVICE 業のハイクラス施設では、受付や入り口役のスタッフの目線・反応力・声かけ・笑顔があります。基本でありながらこの組み合わせがゲストに適用できている施設は非常に少ないのが現状です。塩尻市立図書館では、五秒から七秒に一回くらい受付スタッフがゲストに反応していて、自然とゲストに背を向ける率が非常に低くていい印象です。この秒数は、スタッフがゲストよりも先に気がついていることを表します。施設の入り口の形状や長さによって、秒数は増減します。

この図書館では、基本的に、受付がカウンター内で椅子に座らない、そして後ろの事務所に続く扉を開けておく、さらにカウンターにはあまり物を置かないという決め事もあります。スタッフは常にゲストに見られている意識が高いので空間が自然ときれいになり、ゲストへの反応スピードも上がります。そのような環境が継続できているのも、受付の基礎要素が確立しているからです。初対面の人への印象が数秒で決まるのと同じように、SERVICE 施設での最初の数秒はその施設のその後の利用状況に大きな変化をもたらします。もし、あなたの図書館で、スタッフの多くがゲストの不満やクレーム対策で悩んでいたり、本の利用状況が悪い（破損やダメージ率が高い）のであれば、受付の印象を多角的に変えていきましょう。

またこの図書館では、私語の少なさ、フロアワークでの声かけ（声をかけることでゲストの目的を手助けし、スタッフとの距離感を心理的に縮めることが可能です。また事前に防げる問題もたくさんあります）、貸し出す本のタイトルが見えないように裏返す配慮、初心者への時間をかけた徹底した説明、自動貸出機のニーズ（スタッフの業務削減ではなくプライバシー重視であることをゲストに伝える）もスタッフがしっかりと／脈々と継承していると感じます。これは、スタッフに対してわずかなことでも命令系統ではなく、言動の意味をしっかりと伝え、ゲスト

図1　恩納村文化情報センター（3点とも）

の反応を体感させていることが根底にあります。その裏返しがゲストの選択肢を広げるニーズでもあるのです。スタッフへの教育と継承期間は長くても二、三年。それ以上かかれば、ゲストは対象施設に対してモヤモヤ感が増して窮屈さを感じていくものです。この期間が短いほど、ゲストは施設を上手に、図書館のコンセプトどおりに末広がりに正しく利用していくようになります。ルールが多いほど、ゲストはある種、雑な施設利用をする傾向があります。そして必ずスタッフからのクレームが増えます。そのクレームがあふれ始め、館内に貼り紙が増え、禁止マークやバツ印がたくさん目立つようになります。

とはいえ、ゲストのわがままをすべて聞くのではありません。図書館のコンセプトを定め、わざわざゲストには伝えなくても自然と感じてもらい、時代に沿った、地域特性のニーズに合った環境を作ることこそが、愛される図書館へのいちばんの近道なのです。これはテーマパークの進め方と同じ手法でもあります。ポイントは、ゲストの八〇パーセント以上が満足する環境継続です（三五ページで説明します）。

沖縄県の恩納村文化情報センターにある図書館は、三階がガラス張りで、そこではリゾートを感じる景色を満

図２　北茨城市立図書館（２点とも）

喫しながら読書ができます。また、弁当を持ち込んで飲食できるスペースもあります。その外はインフィニティーライクなバルコニーで、安全性を高めれば、星空を利用した本のイベントや、海風や星空を感じながらのひとときも楽しめます。そこを利用するゲストは、「おまけ」を感じながら読書をより楽しめるのです。リゾート＝RESORTとは、RE：SORT。つまり疲れた身体をもとどおりにするという意味もあるのです。非日常的な恩納村ならではの雰囲気で、大好きな本と飲食を楽しむ。考えただけでも、心がスーッと安らいでいきます。

しかし、この図書館の特徴はそれだけではありません。SERVICE出身者には特に面白みが感じられます。その根源は人です。スタッフの動き、仕掛け、ギミック性と、足を踏み入れるたびに新しい発見があるのです。一秒でもゲストに楽しいときを感じてもらおうという工夫があります。「図書館→人」の考え方ではこうはいきません。SERVICE業の人であれば、その工夫や姿勢にはうらやましささえ抱くでしょう。工夫への発見には、単なる思いつきではなく、深い意味があるので味わいが違います。これからは、提案型・攻撃型SERVICEもまた、流行する可能性があるかもしれません。

ニーズについてもう一つ。

筆者の親戚に元小学校教師がいます。家の階段の半分までもが書架の代わりになっていて、定年後も、時間さえあれば図書館で借りてきた本と家の本を並べ、大好きな酒を横にゆっくりと読んでいます。図書館内ではなく、他人の目が届かない自宅だからこそ許される読書環境と言えるでしょう。いずれは利用者のニーズに応じて、一部の海外図書館のように酒類などを片手に景色を楽しみながら本が読める図書館もできるかもしれません。ゲストのニーズの一つである選択肢が増えれば、利用者による図書館内の環境も変化します。それには、スタッフ側の環境整備や事前準備も重要になるのです。

茨城県北茨城市磯原町にある北茨城市立図書館は曲線を生かした図書館です。階段の途中に小さなガラス窓があり、そこにカラフルな施しがあるので、それを楽しみにくる子供たちもいるようです。子供たちはその場所が楽しみで図書館にきて、そして本も読めるというお得感があるわけです。この子らはいずれ、この景観やスタッフの対応が幼い日のいい思い出になることでしょう。ニーズが思い出になることも、SERVICE現場ではしばしばあります。みなさんも小さかった頃、親や兄弟、親戚と出かけたときの記憶のなかに、何かのモニュメントや飾りが鮮明に残ってはいませんか？　記憶は連鎖です。つまり思い出として残るため、残すためには、子供目線での記憶へのきっかけが大きな要因になります。幼い頃の記憶に残る光景が、自身が大人になった際に懐かしさとともによみがえり、次世代へと引き継がれる、それは地域性を高める景観を作る要因になりえます。

【ポイント】
ゲストのニーズを汲み取るのではなく、察して事前に動くことができれば、ゲストの喜びはニーズ以上になります。これは非常に難しいことですが、この動きを実践するヒントは第7節「SERVICEの解剖——おもてなし」で説明します。

面倒くさいことの代行

サービスの提供は、慣れないと実に面倒なことがたくさんあります。そのため、なぜ初対面の人にそこまでしなければいけないのか、低料金／無料なのでそもそもサービスは含まれていない、などと思うこともあるでしょう。それは一見、正しいかもしれません。しかし、ゲストは口にはしなくても、施設の利用だけではなく、快適性も必ず要求しています。その快適性の実現の一つが、ゲストがわざわざ面倒くさいと感じることをスタッフが代行することです。

では、みなさんも一緒にやってみましょう。

大好きな／大ファンの俳優・女優・歌手・スポーツ選手・作家・著名人を誰か一人思い浮かべてください。その一人は、あなたが「たまらない！」と思う人です。

筆者を例にしてみましょう。筆者は昔から女優の原田知世さんのファンです。ですから、二十年も放送され続けているインスタントコーヒーのコマーシャルを見るたびに、何だかホッと安らぎます。仮に筆者が独り者で、原田さんが週に五日、自宅にきて、言わなくても鼻歌を歌いながら筆者がいちばん食べたい夕食をサラッと作ってくれ、そして笑顔で帰る。完全な妄想ではありますが……。何とも言えないこの距離感があれば、日々悩まされている夕食作りや片付けが癒しの時間に変わります。つまり、自身が面倒だと感じていることを「さりげなく」代行してもらうと、相手は快適性を感じます。

では、同じシチュエーションで原田さんが筆者の家にくるとして、初日はさりげなくおこなっていたことが二回目は異なる場合はどうでしょう。予定の時間に遅刻をしてくる。筆者は空腹で少しイライラする。ただ、大好きな人が目の前にいるので何となく許してしまう。しかし、その状況下で何が食べたいかしつこく聞かれる。急いでいたためか皿を割り、その片づけに時間がかかる……。筆者の笑顔や平常心は失われていきます。

それは、なんだか面倒くさいことです。そこに、目の前に大ファンの人がいても、一言多いとか一つの動きが多いとかによって、ゲストは面倒くさい！と思うのです。

筆者はこれを「一言一動《いちげんいちどう》」と呼んでいます。スタッフのサービスで重要なことの一つは、この面倒くささを瞬時に感じ取り、事前にさりげなく代行することです。タイミングが少しずれてもゲストは面倒くささを感じます。ここで重要なキーワードが、6→3です。日々みなさんが何げなくおこなっている六つ前後の行程数を半分にする努力をしてみましょう。

4 6→3

喫茶店

あなたはきょう、喫茶店で水をサーヴする係です。仕事内容は、ゲストのグラスを空にすることなく水を補充することと。時間があればグラスなどの下げものもする。

状況A：
1、四角い店内を、手ぶらで時計回りで巡回する。
2、あるゲストから「すみません。水をください」と言われる。
3、水を取りに反時計回りして（歩いた動線を逆戻りで）洗い場に戻る。
4、水を補充して、再び時計回りでそのゲストのもとへ向かう。
5、会話が盛り上がっているゲスト。そこへ、「失礼します」と会話をさえぎって水を補充する。このとき、ゲストは会話を中断したままで水が補充されるのを待っています。
6、「ごゆっくりどうぞ」などと一声かけて、再度反時計回りで水を片付ける。
状況Aはこの六行程です。これを半分の三行程にしていきます。

状況B：
1、四角い店内を、水をいっぱいに（店内ゲスト全員分くらい）補充した水差しを持って時計回りで巡回する。このとき、トーション（レストランサービス用タオル）か水がこぼれても拭けるリネンを添えておくとなおいい。
2、あるゲストから水を求められたら、笑顔で、会話をじゃましないように一歩引いて水を注ぎ、状況に応じて声をかけず会釈して次のテーブルへ。
3、そのまま時計回りを継続して洗い場に戻り、水差しを片付ける。
状況Bは三行程です。

ここでいくつか比較してみます。

ゲストは、店内の商品だけではなく時間や空間にもお金を払っているという意識をもちます。あなた（サービス側）が無駄な動きをすれば、それはいずれ店内の混雑にもつながり、ゲストは待つことに不満を抱くかもしれません。水を頼み、その水が届くまでにスタッフが水をこぼせば、その処理の時間もゲストには不快です。しかし、状況Bのように事前にリネンを持っていればその時間も短縮されるわけです。さらに、常に同じ動線ではなく、違う動線を通れば、その間のゲストの状況も確認でき、同時に床の汚れ、BGMの大きさ、電球切れの状況、下膳……多くのことが同時にできます。自身の動きと目配りによって、自身の勤務時間内での効率性を高め、ゲストの時間を快適にし、そしてゲストはスタッフの動きをプロレベルだと判断します。

これを図書館にも応用できませんか？　フロアワークでも活用できませんか？

もちろん、時間内にフルに働きなさいと強制しているのではありません。どのように無駄を省いてゲストの時間を尊重するかです。これは筆者の持論でもあるのですが、この6→3がうまくできていない施設ほど「秒」を大切にしません。それは残業率の高さにつながります。そしてこの6→3は人の動きだけではなく、ものの置き方にも関わってきます。このことは第3章「空間管理」で説明します。

6→3について異業種の例をあと二つ紹介します。みなさんの現場で応用してください。

大手ハンバーガーチェーン

以前は、商品を注文してその商品を作っている途中であれば、タグを渡されて席で待ち、タグの番号を呼ばれたらカウンターに取りにいく、という流れでした。これは、ゲストが席へ移動、カウンターに取りにいく、席に戻るという三行程です。

その後、商品を注文してその商品を作っている途中であれば、タグを渡されて席で待ち、スタッフが席まで商品を届けてくれるようになりました。これは、ゲストが席へ移動、スタッフが席まで届け、スタッフがカウンターに戻る。ゲストの行程が一つ減りましたが、店内での結果は同じ、三行程です。

これに対して、いまは、商品を注文してその商品を作っている途中であれば、会計後にレジの一歩左横で待たされ、一分以内をめどに商品をそろえてゲストに渡す。その間にスタッフは次のゲストの注文と会計をすませます。これは、ゲストが一歩横に移動しましたが、ほぼゼロと考え、スタッフも移動しません。つまり、ほぼゼロか一行程です。みなさんはどのパターンがいいですか？　待つのが楽しみという人もいるかもしれませんが、多くの人はいまのやり方に満足していると思われます。もちろん、ただ時間を短縮しなさいということではありません。短い時間でも的確にゲストのニーズを読み取り、「おまけ」の一言をその時間枠に収めたうえで、ゲストの時間を尊重し、面倒さを代行して、その「秒」を最短にし快適に過ごしてもらうのです。

総合病院

別の実例です。以前、筆者が大手の総合病院を指導したときのことです。その病院には七つの受付カウンターがありました。そこに、高熱で見るからに具合が悪そうな男子大学生がきょろきょろしながら一つの列に並びました。約十分後、その男性の順番です。初診であることを伝えると、受付スタッフは、列後部にある台を指さして、そこに置いてある初診用の問診票に記入して受付に再度持ってくるように言いました。男性はしぶしぶ台に向かい、具合が悪いのに立ったままその問診票に記入すると、また長蛇の列の最後尾に仕方なさそうに並んで、再度十分。問診票を受付に渡すと、座って待つようにという指示。男性は混雑している待合のなかから一席を見つけて座りました。そしてわずか一分後に男性は受付に呼ばれましたが、受付スタッフが保険証の確認を忘れていたようで提示を要求されていました。コピーするのでその場で待つように伝え、コピーを終えるとまた座って待つように案内されました。男性は同じ席に座ろうとするもほかの患者が座っていて空席はゼロ。混雑していたので、その男性が医師に呼ばれたのは一時間後でした。

・受付のわかりにくさ
・具合が悪いにもかかわらずルールのようにたらい回しされる感じ
・事前に一言あれば多くが解決した状況

みなさんならば、この現場の6をどのように3にしますか？
筆者は当時、次のように提案・実行しました。

・受付スタッフを一人カウンター外に出し、案内係とする
・問診票を書く台を排除して初診票はすべて受付係が渡す
・台がなくなったので、その場所に新たな待合席を複数設置
・問診票は受付正面から横に一歩ずれた場所で記入し、その間に保険証をコピーする
・時間があれば次の人の受付を同時におこなう
・受付周りが混雑すれば案内係を呼んで、混雑緩和や質疑応答をさせる

この六つの改善で待ち時間の苦言も大幅に減り、スタッフのエゴによるマニュアルサービスは軽減していきました。みなさんの図書館でも、朝いちばんでゲストが列を作ることはありませんか？　この病院の例と同じように、スタッフ側の押し付けにも似た型のサービスをしていませんか？　6→3は人的サービスだけではなく、物の配置にもあることを忘れないでください。すべての観点（ゲスト目線）は、真剣にゲストの立場となっていかにゲストの時間を大切にするかです。ゲスト目線とは、単にゲストのフリをするのではなく、その人の体調や背景、そのときの気持ちさえも意識しながら自分の職場を見ることです。ときにはゲストの人生の「秒」のために、その「秒」を大切に尊重しながら作業する、ながら業務（同時作業）を推奨します。もちろん、無理をせず安全

確実が大前提です。

次に説明するSランクの施設には、必ずこのながら業務ができるスタッフがいます。では、ランクの説明の前に、「秒」の差を実践してみましょう。みなさんの図書館のカウンターには受付登録などで使用するペンが置いてありますか？　トレーに入っていてもペン立てでもかまいません。あなたには初めて来館するゲストという設定です。時間を計ってください。

各図書館の登録シートに平仮名の「あ」を書いてみましょう。初めてなので少々迷い、設置してあるペンを見つけて取って、そのペンの先が出ているかを確認してから専用シートを反対の手で押さえて「あ」と書く。また少し迷いながらもそのペンを元の場所に戻す。さあ何秒かかりましたか？　およそ、十二秒から十七秒くらいではないでしょうか。

次はペン立てをカウンターから外します。ゲストが初めて来館したら、シートを出し、ペンをカウンターのなか、または衣服やエプロンから取り出し、ペン先を出してゲストが持ちやすいように、利き腕を見抜いてすぐに書ける位置で渡します。「あ」を書き終えたら両手でペンをそっと受け取ります。受け渡しの技巧はあとで接遇の項目で詳しく説明しますが、かかった時間は八秒前後ではないでしょうか。前者の半分の時間です。

もしも前者を実践しているのであれば、ゲストは、混雑時だけではなく登録場所や返却カウンターでも長めの列を作るでしょう。言い換えれば、後者（一言一動）を実践することが、ゲストをより尊重し、「秒」を大切にもてなす環境になります。マニュアル感が強い言動だけではなく、行動一つひとつに意味をもたせて細部にまでこだわり続けるSERVICEこそが、各施設の総合評価を上げる要因になります。

ではあらためて、SERVICEを基準とした施設ランクの説明をします。

5　五段階評価

筆者は、SERVICEを時間や距離で数値化します。満足度に限れば、アンケートで八十点を獲得していれば優秀と判断します。評価は五段階でおこない、以下のとおりとしています。

S　→　平均九十二点以上
A　→　平均八十点以上
B　→　平均七十点以上
C　→　平均六十点以上
F　→　平均六十点以下

時折、施設やスタッフに点数をつけるのは正直いやだと感じるのですが、SERVICEは数値化しにくいので、判定基準として用いるのは仕方ありません。また、筆者はこの点数をつける際には決して妥協しません。容赦なく点数をつけます。ここで甘えが出ると、そこから亀裂が入って、SERVICEレベルは必ず下がるからです。SとA以外は、すべて不合格または改善の余地ありと考えて指導をしていきます。A以上の空間を目指すのであれば、引いた点数が二十点を超えていればメスを入れます。現場指導で多く見受けられるのが、この数値の勘違いです。改善後に、投書箱や意見箱に常顧客と思われる人から「前のほうがよかった」という意見が寄せられ、その一通のためにすべてを元に戻すという施設もあります。違うのです。この意見は百分の一、つまり残りの九九パーセントは新たな改善箇所に満足しているという意味なのです。SERVICEに百点はありません。Sランクを維持したいのであれば、この少数派の人にわかるような、改善のよさを理解してもらえる方法を考え続けるのです。話術、手紙、案内……それは各施設やそのゲストとの距離で異なります。

6　SERVICE環境を支える三つの要素

現場を指導をしていくうえで大きな課題になるのが継続することです。一度や二度の研修でその施設の環境がすべてよくなることは珍しく、どれほど長くAランク以上で継続できるかが大きな課題になります。そこで筆者が推奨しているのが、次の三つのバランスをとることです。日々の業務で重要な核となる三つです。

一、管理：主にバックヤードの仕事です。人事総務、事務所でおこなう作業全般を指します。

二、運営：日々の表での業務全般です。

三、SERVICE：よく運営と勘違いをされるのですが、大きな違いは運営の枠への付加価値、ときに管理幇助にもなりうるもので、対ゲスト＋対スタッフの印象を高めていくための業務です。

さまざまな企業での研修をおこなった経験上、図書館を含めてこの三項目の領域が同程度にバランスがとれている施設は、並行してゲスト満足度が必ず高いのです。拡充が簡単そうに見えるかもしれませんが、時間や予算の関係でその領域が狭まってしまうのがSERVICE領域で、圧縮されれば、そのつけは必ずゲストの満足度の低下となって返ってきます。また、欲張って領域を超えたことをやりすぎると、その多くは勤怠に響き、離職率やスタッフ満足度低下につながりやすくなるものです。この三つを日々の業務や会議でバランスよく進めることが、施設のいい環境の継続につながることを忘れないでください。このバランスに歪みがあれば、後述する接遇が入る余地はありません。まずは、幹部層の人たちがこれらの領域を均等に耕す意味を知って、そして社員が同じベクトルを向くようにする必要があります。

三つのバランスがとれていると感じた図書館は、福島県白河市立図書館りぶらんです。特にSERVICE面をみるとジェラシーを感じるほどの図書館です。

筆者が訪れたのが夕方。試験期間ではないので学生も少ないと思ったのですが、駅に近いという立地柄、子供たちはそこで勉強をしながら、電車で帰る親を待っていました。ここでよく陥りやすいのが、図書館は待ち合わせ場所ではないという観点です。例えば、待ち合わせのためや駐車場として図書館を利用するのは不適切とゲストへ訴える。その手法は貼り紙や口頭。もちろん、言われたゲストは決していい思いはしません。しかし図書館もそのことを許せば駐車場が足りなくなります。このジレンマに対して、りぶらんではその行為をゲストのニーズ、そしてニーズの先にあるのがコミュニティーの確立と捉え、規約に基づいたアクションをなくして、図書館に無関心な人でもいずれ本を手に取るきっかけになればいいとしています。SERVICEに百点満点はありませんが、正解はありません。それは、八〇パーセント以上のゲストが満足する空間を作り続けることです。りぶらんのこの柔軟性は、単に待ち合わせ利用にとどまらず地域コミュニティーに優しさをも与えるのです。北茨城市立図

図3　理想型

図4　アンバランス型：ゲスト離れ

図5　欲張り型：コミュニケーションレス

書館の階段の仕掛け同様、親との待ち合わせと図書館の風景がその家族の思い出となりうるのです。これらのアクション以外でも、ゲストが選択できる空間がりぶらんには多くあります。直線的な椅子があれば曲線のもある。窓際で隣が気になるのであれば、スタッフに声をかけると透明の移動可能なボードを貸してくれる。場所を区分している図書館はあるものの、りぶらんでは、既にゲストが区分を理解してさらに快適な場所をそれぞれで選び、本を楽しんでいます。図書館側がゲストのニーズをSERVICEのパイの比重に応じてバランスよく置けば、ゲストは定着するのです。りぶらんのSERVICE安定度は非常に高く、柔軟な図書館であり、SERVICE点数はSランクです。これからの子供に対するSERVICE深化案も聞きました。ワクワクする仕掛けがこれからも期待できる、また行きたくなる図書館です。

【ポイント】

ゲストの目線や気持ちになって、ゲストが面倒くさいと思うことをすべて代行する努力をする。その先には、ゲストからの感謝が待っています。すべてはゲストのためという考えよりも、目の前にいるゲストに感謝して、さりげなく代行継続することにサービスオフィサーとして喜びを感じてほしいのです。

7 SERVICEの解剖——おもてなし

次はおもてなしの三つの定義です。「心」と「履歴」と「タイミング」の三つを説明しましょう。

心

相手がゲストであっても、スタッフであっても、人に対してのもてなしの心なくしては接客に誠意は入りません。筆者も以前は、接客業では演じることを重視していましたが、最近は、その施設を愛し、仲間と商品に自信があれば本当に心が入るので演技はいらないとも感じます。また、よくおもてなしの心と耳にしますが、そもそもおもてなしという言葉に心という意味があるので、少々抵抗があります。強いて言えば、もてなしの心、でしょうか。もてなすために、まずはゲストに心を入れることから始めましょう。

一つ例題を。

以前、長崎の駅前にある老舗ホテルで、笑顔だけで癒されるコンシェルジュとの出会いがありました。出発の日、彼に見送られホテルを後にしたのですが、あいにくの雨。傘を差して足早に長崎駅に向かいました。するとそのコンシェルジュが改札の手前まで追ってきて、傘を入れる長いビニール袋を手渡してくれました。電車に乗った際に足元や服が濡れないようにと用意してくれたのです。しかも二枚。一枚はすぐに使う用、二枚目は乗り継ぎの際に一度外を通るため用、または予備と言葉を添えてくれました。もし仮にこの二枚の袋をホテルの軒先で渡されたら、いったんその袋をしまって、また改札前で広げなければなりません。改札を通る間際に、そのまま使える状態で、しかも笑顔で渡されるのとでは心証が大きく異なります。これは、「おもてなし」の三つ目の定義の「タイミング」でもあります。心がなければできない先読みのアクションです。旅先での滞在は、その場で終わりではないのです。家に帰ってからもいかに長く余韻が残るかです。それも心です。だからその施設にまた行きたく／帰りたくなるのです。

履歴

図書館はSERVICE業ではないと言う人もたくさんいます。その人たちからの質問の多くが、ホテルと図書館のSERVICEの違いについてです。その違いの核になるのは、ここで説明する「履歴」の活用法です。履歴とはゲストの過去の特性や個性、利用状況、趣味・趣向を社外秘で残し、次に接するときに各ゲストに合わせた履歴を活用して、より快適に過ごしてもらおうとする手段です。

例えば、あなたが初めての美容室にいきます。担当者は距離を詰めようと世間話やあなたのことについていくつか質問をしてくるでしょう。仕事や家族構成、趣味などです。あなたはその美容室と担当者が気に入って、一カ月後に再訪します。担当者は笑顔で出迎えるも、先月聞いてきた仕事や家族構成、趣味などの質問を再びします。しかも隣の他人（別のゲスト）は自分の個人情報を耳にします。ここで明らかに満足度は下がるのです。それでもあなたはその担当者が気に入っているので、次の月も、もう一回はいきます。三回目、再度同じ質問をしてきたら……。また、シャンプーのときにはさらに別のスタッフから同じ内容の会話、四回目にも類似した内容であれば、さすがにその施設に愛想を尽かしてしまうかもしれません。美容室や理髪店に二、三回ほど通うと、いわゆるリピーター（顧客感覚）であり、ゲストからすれば料金を払ってまで同じ会話を何度もしたくないと感じます。履歴が活用されていないと、よほどのことがないかぎりあなたは美容室を変えるでしょう。

しかし、同じ美容室で履歴を利用したらどうでしょう。あなたが来店する前に予習をして、先月とつながる会話をしてくれたら、気に入っている雑誌をそっと用意してくれたら、お気に入りの飲み物を勧めてくれたら、会話内容によっては隣のゲストに聞こえないよう配慮して話を続けてくれたら……。百パーセントではないでしょうが、大切にしてもらっているという気持ちが芽生え、またそこに通いたくはなりませんか？　筆者が長年通っている美容室は、前回の履歴内容をしっかりとノートに記しています。行くたびに、前回の盛り上がった話や前回から今回までの間の旅行の話、土産話など、しっかりと予習と復習をしています。したがって、散髪だけではなく会話も楽しめます。ゲストはみなさんの施設や商品だけではなく、そこで過ごす時間にも料金を払っているのです。したがって、スタッフはゲストのちょっとしたことでも履歴をいかに多く残してスタッフ間で共有しておくかが、施設としてそのゲストを顧客としてもてなしていることにつながります。来店した日がゲストの誕生日や記念日であれば、さりげないお祝いの一言（おまけ感）がゲストの笑顔につながるかもしれません。

あくまでもSERVICE業の観点からシンプルに見ると……。

ゲストの言動から、押し付けがましくなく好みの本を薦めたり、新刊の本をゲストが楽しみにしていればその本をキープしておいたり、ほかのゲストとのバランスをとりながら、ひいきしすぎないような履歴活用を図書館でも勧めます。履歴の保存と活用は、大人から子供まで、そして業者の人たちや施設を利用するすべての人たちが対象です。図書館で同じ流れを汲むことが難しいのは理解しています。ですが、ここで工夫してみましょう。レファレンスでも、まずは、ファーストコンタクトでは履歴が残っていないこと、そしてその意味をきちんと説明します。ここまでは図書館の確固たるスタンスです。次にSERVICE履歴を考えましょう。読書手帳を考慮したゲストへの柔らかめのアプローチも、SERVICE面から考慮すれば非常にいいでしょう。人として心が動けば、困っているゲストに歩み寄る会話をするのではないでしょうか。ポイントは、①規律→②もてなし、の順番です。

もう一つ、おもてなしの実例をお話ししましょう。小学校の授業参観にいったときのことです。先生が黒板に「誰もが関わり合えるように人に自分の思いを伝える」と書きました。ルールは一つ、声を出さないで伝える、です。テーマは、相手に、のどが渇いたから水がほしいことを伝えることです。子供たちは相手に、必死に声を抑えてのどが渇いていることと水がほしいことを伝えようとします。ジェスチャーで首のあたりを苦しげに押さえたり、水を飲むしぐさを見せたり、空中に文字を書いたり、ものを使用したり、タブレットや携帯やメールで伝えたり、点字を使用したり、と非常に柔軟なアプローチがたくさんあったのです。そこで筆者が見た光景は、子供たちが授業を忘れて、一人の人として目の前の他者に自分の思いを必死に伝えようとする気持ちや姿勢でした。感性が鍛えられるいい授業です。SERVICEではこの逆が主となります。ゲストの必死な思いをスタッフがどのように心ありきで理解して、おもてなしとして思いをゲストに返すのかがとても重要なのです。その過程にはもちろんルールもありますが、その枠を例外のような感覚で快適に超えていくのも、おもてなしなのではないかと思うのです。多くのゲストのことを知り、ゲストの常識の範囲内で履歴を活用し、最大限の言動で表現する。履歴の枠を軽視はしませんが、何とかきれいに交ざる方向性がないものか……SERVICE側からの観点では、ゲストの満足度向上のため、そう願います。

タイミング

おもてなしの語源は諸説ありますが、京都のお座敷遊びに由来するとも言われています。ゲストは舞妓さんや芸妓さんとお座敷でゲームをします。お酒が進んだゲスト。ゲームのなかでは、時折ジャンケンをします。ゲストは何を出すかわかりませんが、ゼロコンマ数秒、ゲストにわかるかわからないかのタイミングで舞妓さんや芸妓さんは後出しをしてわざと負けることもします。お酒で陽気になったゲストは、そのわずかなズレには気づかず、よりご機嫌になります。ここでいうおもてなしとは、ゲストが快適になるように気づかれない絶妙のタイミングでゲストに勝たせることです。ちょうどいい、そのゲストだけにあったタイミングを巧みに使いこなし、心と履歴を注入することができれば、あなたのおもてなしはプロの領域です。

一つだけ注意しなければいけないのは、わざとらしさ（完全なタイミングのズレ）です。このズレが大きいほど、ゲストとの心の距離はどんどん離れていきます。例えばあなたが家族とレストランにいきます。きょうはあなたの誕生日。家族はサプライズであなたにケーキを用意していました。店内の電気が消えて、ロウソクに火がついたケーキを、スタッフが誕生日の歌を歌いながら笑顔であなたのテーブルに持ってきました。あと数歩でケーキはあなたのもとへ……。ところがロウソクの火が一つ消えてしまいました……。笑って思い出にする人もいるかもしれませんが、多くは、少しがっかりしてしまうでしょう。おもてなしは、完璧な準備と絶妙のタイミングで計算されています。しかしその計算はゲストに気づかれることなく、心がさりげなく伝わるものとなればなおいいでしょう。空気を読み、そこにおまけの一言が加われば、必ずゲストは笑顔になります。これもまた一言一動です。

【ポイント】
顧客履歴でチームとして準備力を高め、裏表なく、誠意であなたのゲストを喜ばせ続ける努力をしましょう。

注意点はゲストとの距離感で、遠すぎず近すぎず、少し背中がかゆくなるくらいの距離感を意識し続けましょう。ゲストの喜びを自分の喜びにするのです。

8　SERVICE の解剖――マナー

三つ目はマナー。「作法」「道《どう》」「常識」という三つの定義について説明していきましょう。

作法

一般的に知られているテーブルマナーやビジネスマナーは、相手との関係を円滑にする作法です。ただ、ひとくくりにマナーや作法といっても、その内容は膨大です。例えばテーブルマナーでも、型どおりにするのであっても、そのシーンはさまざまです。会食、宴席、公式、非公式、縁談、完全なプライベートなどのほか、時間帯や季節によっても変わります。マナーの本でもそれをシーンごとに細かく説明するのは非常に難しいのですが、例えば洋食の場合、ナイフやフォークやスプーンなどのシルバーウェアが置かれてあったら、外側から使用するのがマナー（作法）で、この作法は大方イレギュラーなく通用します。つまり、さまざまなシーンで通用するものが、多く世に知れ渡っているとも感じます。

では、図書館ではどうでしょう。ゲストが来館したら、スタッフは立ってほほ笑み、相手の目を見て言葉を発し（床ではなく相手に言葉をぶつけ）、決められた角度を参考に礼をする。その際、ゲストとの距離や声の大きさ、頭の上げ下げのスピードや背筋の角度、手の組み方や足の位置や幅、これらの行程を数秒でおこなうのですが……。このなかで一つまたは複数ができていなければ、あなたがゲストであればそのスタッフはマナー（作法）がなっていないと不快になるでしょうか。もしこの行程のいくつかが多少ぎこちなくても、スタッフとの親密度

図6　紫波町図書館（3点とも）

によって、それを打ち消すような笑顔や声質だったら、好感をもっていれば、あなたはそのスタッフの作法で不快にはならないでしょう。ここから何が言えるかといえば、シーンによって、スタッフがゲストの知る作法レベルを基盤として、いいあんばい（柔軟な意味や心をもたせた瞬時の適応力）で秒や距離感を調整することができれば、通常はゲストは必ずAランク以上の快適性を感じるものだということです。注意すべきは作法を基軸とする、意味ある言動です。ここでもまた、型にはまりすぎたマニュアル型マナー（作法）は、一見丁寧でも、次第にゲストと距離を作ることになるかもしれません。気をつけてください。

笑顔や表情で言えば、岩手県紫波郡の紫波町図書館は非常に印象に残ります。ここもまた、人→図書館という方程式が成り立っている空間なのです。あなたが図書館やSERVICE施設にいくとき、無意識に笑顔がすてきなスタッフを選ぶでしょう。心理学でも、笑顔や口が少しあいているスタッフには話しかけやすく好感がもてるというデータがあります。その点では、紫波町図書館は入り口からいい印象が続きます。また、そのように感じさせるスタッフが多いのも、SERVICE面からは前向きさを感じて高得点です。笑顔はその施設を明るくし、地域をも明るくしていきます。笑顔は基礎でありながらも高度な技法。それが自然で心が入っていれば、ゲストとスタッフの間である種のwin-winの状態が続き、上向きのコミュニティーができます。そのきっかけを紫波町図書館では瞬時に感じ取ることができます。SERVICE業出身の筆者も、この図書館の笑顔のファンです。笑顔が売りで、印象に残る優しさが伝わる図書館、すてきです。

道《どう》

道とは、華道や茶道、武道といった歴史的背景が強い学びのことです。道はマナーを学ぶうえで非常に役に立ちます。距離感、礼儀、序列……。筆者もすべてを学んだわけではありませんが、SERVICEのなかにもこのあと説明する接遇と茶道の共通点があり、また共栄やそこからの新たな化学反応で見いだせる手法はたくさんあります。さらに武道から学ぶ誠意や姿勢も、マナーを推進するには非常に役に立ちます。筆者は柔道を十年以上学んでいました。はじめは大会に向けての柔道、けがをしてからは指導者としての柔道。柔道を経験したなかで、精神的な名言や教えから多くを学びました。特にとげとげしかった新入生の頃には役に立ちました。

「柔力剛を制す」。しなやかな立ち居振る舞いのためになります。

「乗り越えられる者にしか試練を与えず」。苦しい修行時代だけではなく、いまでも日々心の支えにしています。

「自他共栄」。筆者の大好きな言葉でもあります。自分だけでなく、相手だけでもなく、ともに栄えるように事を進めることで、角が立たないSERVICEが実践できます。

このような教えだけではなく、受けや丹田の鍛え方、駆け引き、姿勢や礼儀、身だしなみやあいさつ、声の出し方や言葉遣い、思い返すほどにそのすべてに意味があり、自分自身の成長の糧になっています。そして三十歳前後で茶道と出合いました。静寂な空間や何とも言えないこまやかな指先の動きや距離感、そしてもてなし。ひと呼吸ごとに込められた意味を知るほどに、そこから湧き出る人生観と浄心を感じます。間違いなくこの二つの道が筆者の基盤になっています。

常識

常識とは何でしょうか。講義で質問をすると、「当たり前のこと」という答えが多いようです。確かに「常識」を辞書やウェブサイトで調べれば、そのようなニュアンスの意味が記されています。では、SERVICEでの常識とは何でしょうか。よく知られているのが、テーブルマナー。みなさんはテーブルマナーをいくつ知ってますか？　テーブルマナーを一定数知らなければ大人として、図書館員として非常識なのでしょうか。またはそのシーンに出くわすことがなければ非常識を避けられるのでしょうか。筆者が考える常識とは、あくまでもみなさんが日々接しているゲストが、どれだけの事柄を知っているか、またはどの程度の常識があるかを感じ取り、会話やしぐさで見抜き、さりげなく同じかやや上の位置で接することができるかです。逆に言えば、常識とくくれるものの数（分母）を少しでも多く意味を含めて知っているかで、ゲスト満足度は変動するということです。

例えば、あなたが通勤中、疲労から電車の優先席に座ったとしましょう。次の駅で目の前に足の不自由な人が立ちました。あなたは席を譲りますか？　あるいは寝たふりをしますか？　譲れば常識、寝たふりは非常識と周りからみられることでしょう。図書館でブックトラックを乗り物にしている子供がいたらあなたはどう思いますか？　非常識だと思いますよね。なぜならば、ブックトラックは乗り物ではなく、きちんとした用途があるからです。しかし、子供からしてみれば、ブックトラックの裏側はイタリアの高級車のエンジンカバーの通気口を思わせるフォルムで何とも魅力的な乗り物ではないでしょうか。それでも、あなたは子供のけがが心配で注意するでしょう。

「ぼく、危ないよ」

「これは乗り物ではありませんよ。ママはどこ？」

このセリフに類似した言葉をかければ、その子の母親はあなたに謝罪するか、「何よ、その言い方。どこにも「乗ってはダメ」と書いてないじゃない！」とあなたにキレる発言をするかもしれません。後者の場合、その親から見てあなたは常識がない図書館員になってしまうのです。八〇パーセントの人が怒らないように注意をする。必ず成功する例はありませんが、一つの技巧としては、注意をするのではなく、①グリーティング（いわゆるあいさつや優しい声かけ）から入り、②子供の機嫌をうかがい、③その子の親に気づかせる優しめの口調で間接的に子供に事実を説明して注意を促します。順番が違うと、注意したつもりが相手にとってしかられたことになってしまいます。また①②③をより円滑にするには、スピードコントロールという業（第2章第2節「スピードコントロール」を参照）を使用すると効果的です。

「こんにちは。それ楽しいよね。でもね、これはみんなが読みたい本を元に戻すときに使う道具なのです。お母さんがいれば、一緒にやってみますか？」

SERVICEに百点はありませんが、これは一つの正解です。ただし、相手によって言葉の選び方は変わるので、これをいつも正解として使用するのはやめてください。この言葉によって、おそらく八〇パーセントの子供たちは乗ることをやめるはずです。ちなみに、ブックトラックに「乗り物ではありません」「乗車厳禁」などと貼り紙をするのも、厳しい注意と同じです。注意や警告の貼り紙が多い施設は、多くのスタッフが注意しても直らないから貼ると答えますが、そこでいったん立ち止まり、自分たちの注意の仕方を疑ってみてください。自分がゲストならばその注意の仕方で気持ちよくやめるか、うるさいと思って無視をしたり、その施設に二度と来なかったり、SNSで文句を投稿したりするか……。ゲストの立場、ゲスト目線とはそういうことです。これが理解できるのであれば、あなたの図書館から貼り紙は減り、人としてのつながりや優しさは必ず増えるはずです。

ホテルの例ですが、ゲスト側から常識環境が自然に創作されるアプローチもあります。

九州の観光都市のビジネス型リゾートホテルの朝食時のことです。多くのゲストが朝七時のオープンと同時に最上階の朝食会場になだれ込みます。当然列ができ、イライラする時間がなさげなビジネスマン、横入りするホテル慣れしていない観光客、子供が泣き叫びイライラする夫婦、そしてその現場でイラつきを隠せないホテルスタッフ。ゲストはみんな、最上階の景色を眺めながら、地元の食材で朝からパワーチャージすることを楽しみにきているはずが、ホテル側も仕方ないと諦めムードです。そんななか、筆者のテーブル横に一組の若い夫婦と保育園の年少組くらいの女の子がいたのですが、父親は先に娘と着席して、目の前には既にビュッフェから選ばれた少女が大好きそうな料理が並んでいます。女の子は目をキラキラさせて「ウワー、ウワー、おいしそう！　ご馳走！　でもお母さんがくるまで待つ！」といいました。ビュッフェ台周りでは変わらずピリピリした空気が流れているのですが、隣の席はほほ笑ましい様子です。母親が戻ってくるとその子は少し大きな声で、「景色がきれいだね！　じゃあ、食べようか！　せーの、いただきます！」。いままで朝食会場に流れていた空気が一変し、ほぼ全員がクスッと笑顔になりました。社会では若者に「常識がない」と注意する大人がいて、またその逆もしかり。しかし、もしこの朝食会場で常識度の高さを測れば、間違いなくこの若い家族が選ばれるでしょう。多少大きな声でも、食事の前にいただくことに感謝の念を示し、親への感謝も忘れずに時を大切にする。全国の朝食会場でもなかなか見られない、多くの人が忘れかけている光景ではないでしょうか。図書館でも、列の長さやゲストの「常識」を規律化することに大きな比重を置いて、結果、この朝食会場のように、ゲストのイラつきを増やしてはいませんか？　笑顔の、心あるあいさつ一つでも環境は当たり前に常識的になるのです。

【ポイント】

常識の分母を増やすために、マナーの本を数冊読み、表面的な理解ではなく知識を応用できるように意味を知りましょう。スタッフの柔軟性が高いマナーは、ゲストとの関係を円滑にします。無知は罪なり、知は空虚なり、英知持つもの英雄なり、とは、ソクラテスの有名な言葉です。これがマナーならば、無知は罪なり、知は空虚なり、心の柔軟性を兼ね備える者プロなり、です。

9　SERVICE の解剖――接遇

最後は接遇です。定義は一つです。

業（技巧）

業とは、SERVICE にある、サービス・おもてなし・マナーを、そのつど最善・最適・最高の状態で提供する言動の業です。その業の教科書はありません。なぜならば、接遇とは水のように無形であり、型にはまることが少なく、相手の動きに応じてその角度が、スピードが、秒が、タイミングが変化するので、文字として残すのが困難だからです。つまり、相手の言動の数だけ業があるのです。とはいえ、それでは接遇の説明にならないので、その業（一部、奥義）をいくつか紹介していきます。筆者は接遇科学という言葉を使いますが、なぜ科学かといえば、筆者自身その業を数千数万と実際の接客で試して確証しているものだからです。数値や確率だけではなく、すべてに意味をもたせて、そして相手を快適にすることができているものだけを伝えます。筆者の接遇は千項目近くあります。そのなかで、図書館のスタッフだけではなく一般的な施設のカウンターでも使用できる業を選びました。

第2章　接遇技巧

1　秒の意識

まずは基礎からです。これは筆者が必ず講義で見せる基本の業です。ペットボトルの水を用意してください。

一本原価六十円のペットボトル（水）を、ゲストへサーヴします。売り値は百円です。あなたは、六十円で仕入れた水を、ゲストに百円に見えるようにサーヴできますか？　できれば、百円以上に見えるとなおいいです。高く見えるか見えないか、料金以上に見えるか見えないか、得した気分や高揚感を与えているか、そこに隠されている秘訣は、心（もてなし力）と業（接遇力）なのです。

まずこの場合の業は五つに分けられます。

・持つ位置
・角度
・秒数
・目線

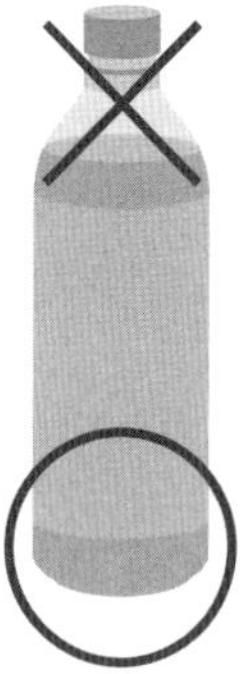

図７　持つ位置

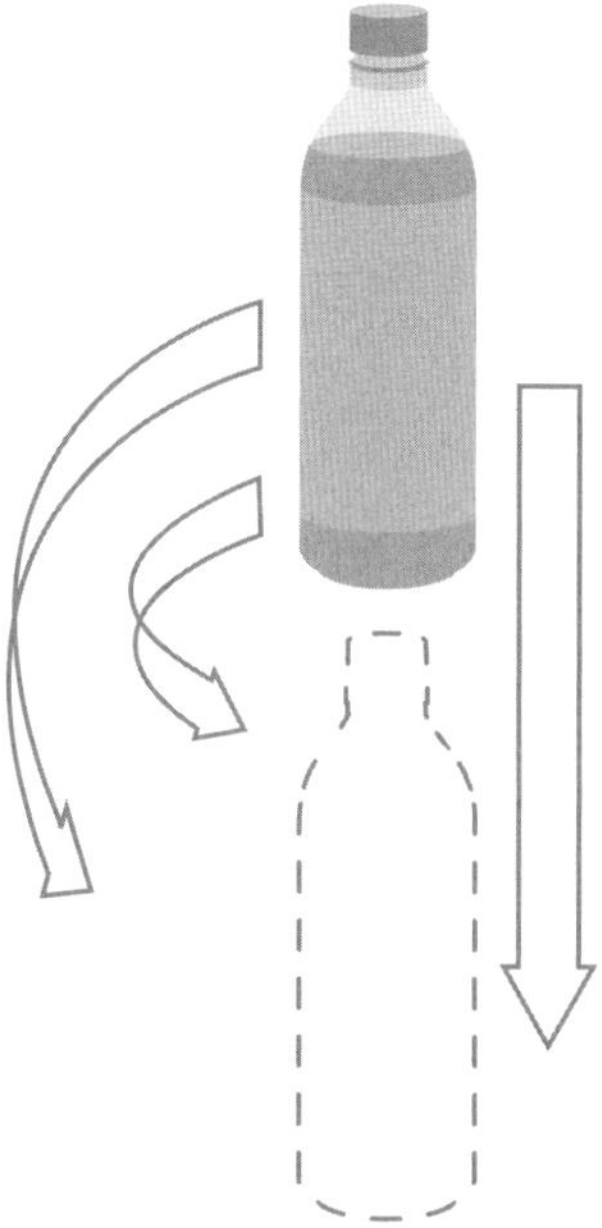

図８　提供の角度

・余韻

持つ位置

物は端を持つと美しく見えます。しかしそうすると、片側は美しく見えますが、もう一方の側はなぜか汚らしく見えることがあります。ペットボトルの場合、上部のキャップ部分は飲み口、つまりゲストが口をつけるところですから、持つのはよくありません。商品名やロゴがゲストに向くように底の部分を持ちます。テーブルマナーでも、ナイフとフォークの中央を持てば、力が入らず、肘が開き美しく見えません。端を持ち、先端の重さで肉や魚を押さえて切ります。さらに上級テクニックとしては、親指の付け根のふくらみに柄を当てて固定すると安定してよりきれいに見えます。

指揮者のようにしなやかな動きもできます。

角度

野球のピッチャーのイメージです。ピッチャーの腕の角度、オーバースロー、スリークオーター、サイドスロー、アンダースロー。ペットボトルをどの角度のイメージでサーヴするかは、ゲストの頭や体の傾き、会話しているかいないかの状況、手や私物がテーブルの上にあるかないかで変わります。目安になるのは、ゲストのじゃまにならないと同時に残りのスペースでいちばん適切と思われるところに、適正な角度でサーヴすると、高い確率でゲストからは必ず「ありがとう」のサインがきます。言葉だったり、軽いうなずきだったり、手が上がったり、口元に笑みが浮かんだりと、何らかのいいアクションがそれです。相手が快適さを感じていなければ、あなたの手や腕を避けるようにゲストの首や頭が後ろに傾いたり、または体をそらします。

秒数

接遇の動きを習得するために、まず徹底的に意識すべきは秒数です。

考え方としては、相手の時間、「秒」をより深く慎重に意識しながら自身の動きのスピードを調整していきます。このスピードの調整に関しては、筆者の接遇の基本でありながら究極の、スピードコントロールについて本章第2節「スピードコントロール」で詳しく説明します。

では、秒の実験をしてみましょう。秒の基本は一・三秒です。もっと長い一連の行程でも、句読点のような区切りを見つけます。

まずは同じようにペットボトルで練習です。ペットボトルを相手に提供する場合、①持ち上げる、②ゲストの目の前に置く。その際、相手の利き手を見抜いてその手の少し前に置くことができれば、ゲストはより取りやすくなります（ただしテーブルマナーはこればかりではありません）。そして次がいちばん印象を左右する接遇ですが、③ボトルを置いたあとに、ボトルを持った手をグーにして、そのグーを開きパーにすると同時にペットボトルの上部を指さします。

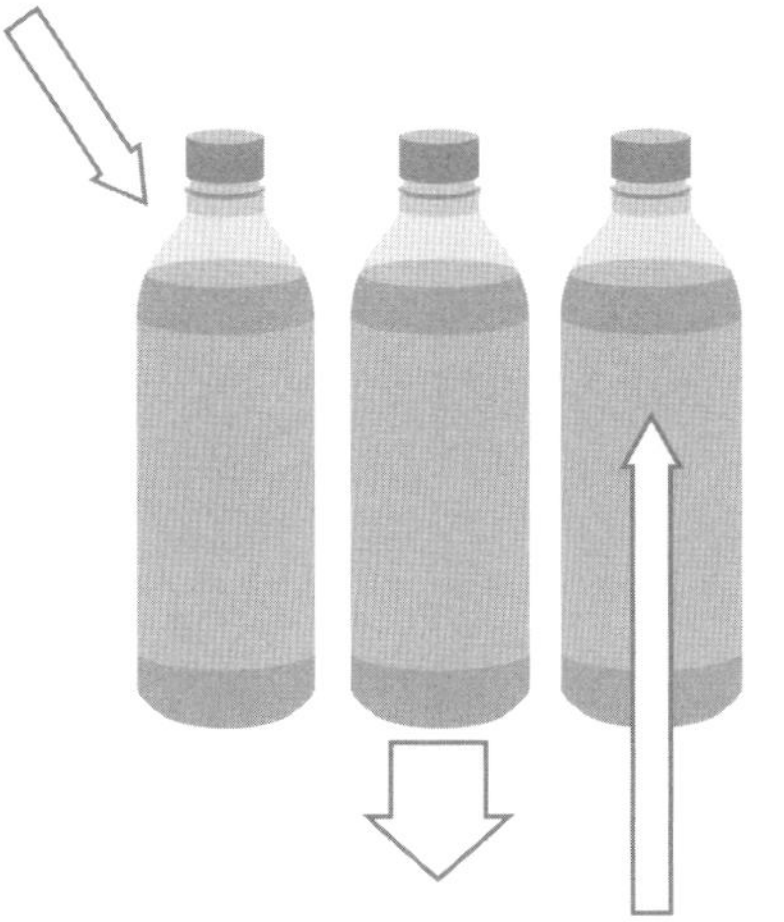

図９　秒の意識
①持ち上げる　　1.3秒
②目の前に置く　1.3秒
③指をそろえてボトルを指す（片手を添えるイメージ）　1.3秒

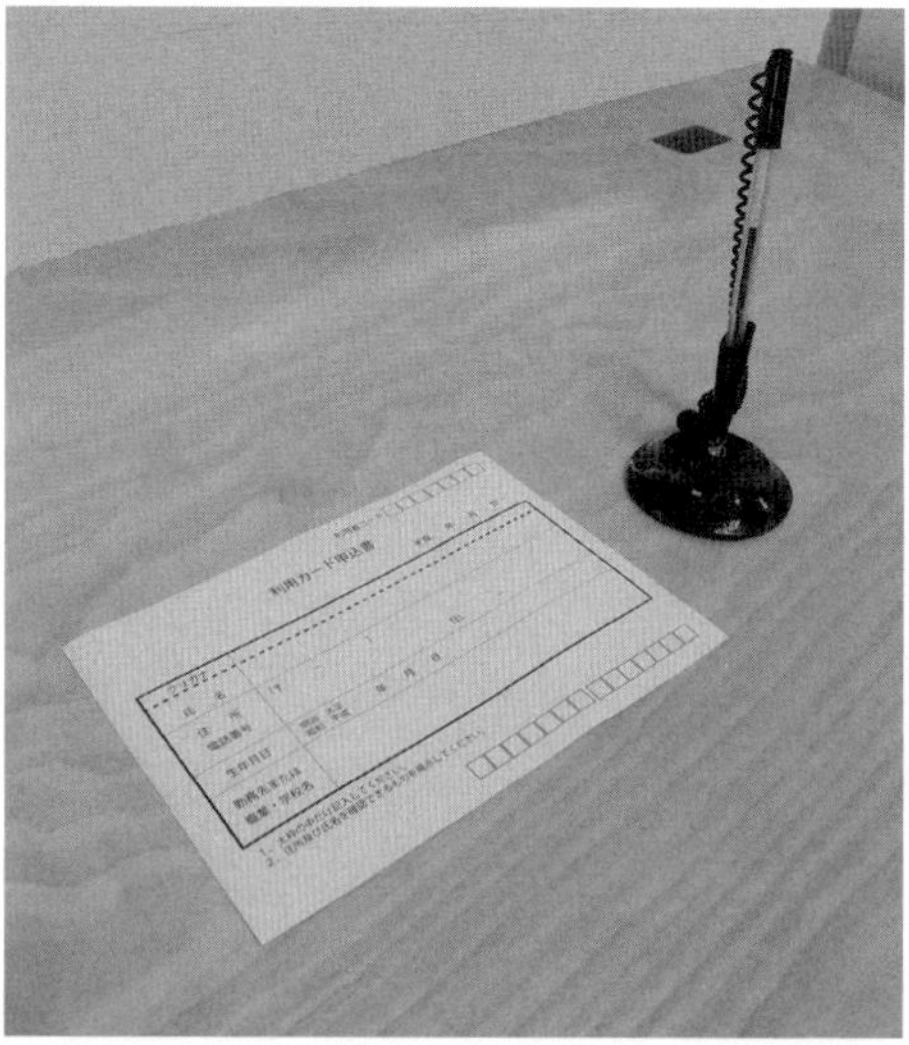

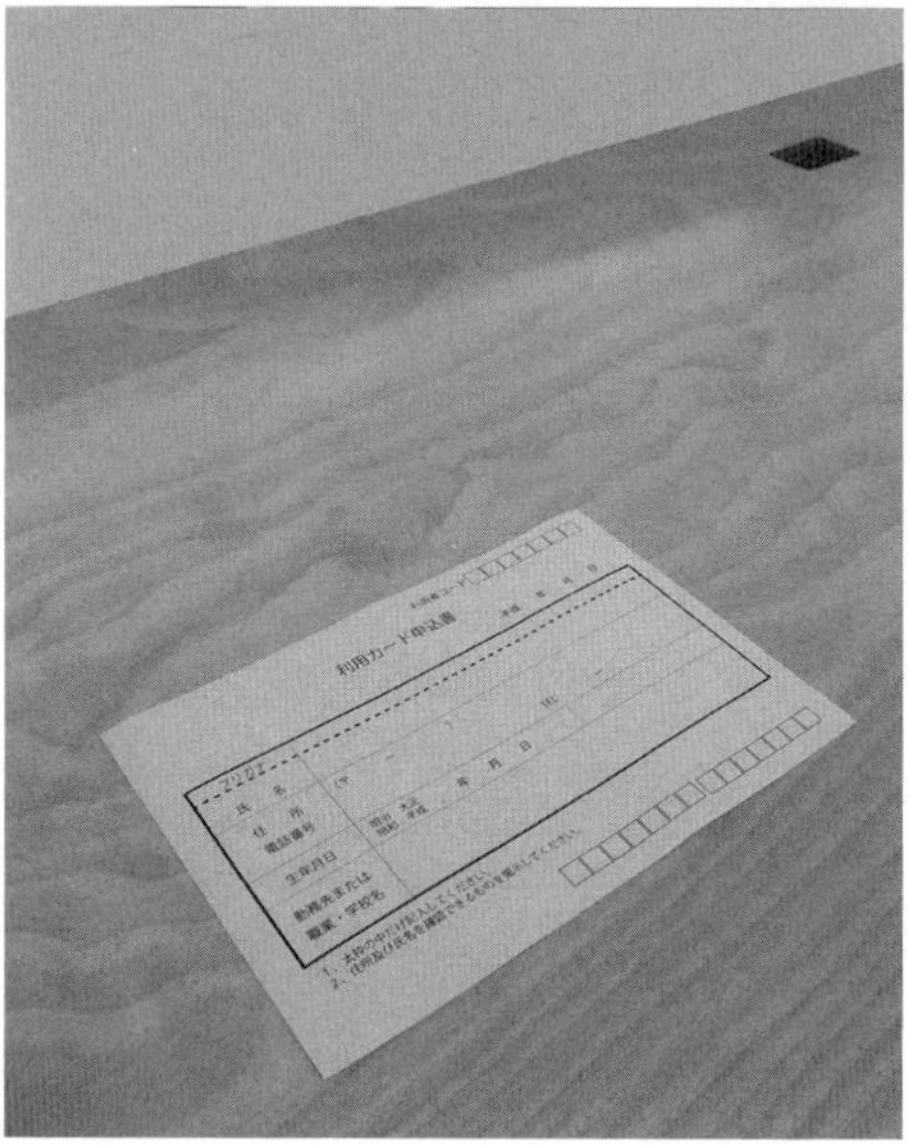

図10　秒の短縮
ペン立てがある場合とない場合

このペットボトルを基本にして、次にカウンターでの実践の実験です。

前例のペン立てを思い出してください。ペン立てが置いてあるカウンターはありませんか？　もしそこにペン立てがあるのであれば、まずはそのままにして実験スタートです。ゲストが初めて来館。その人に登録カードに記入してもらいます。カードを差し出し、ゲスト自身がペン立てからボールペンを取り、ペン先が出ているのを確認してからカードに自身の名前を記入。さあ、合計何秒かかりましたか？　名前だけであればだいたい十二秒から十五秒くらいでしょうか。

次に、ペン立てを取り除きます。ペン立てがあるときと同じように、カードをゲストに渡し、ペンは前述の①と②を最大限意識しながら、相手の利き手に渡します。ボールペンを自分の胸の中心から真っすぐ前に数センチ出すと、ゲストの利き腕はピクリと動きます。その動いた腕側の、動いている手にボールペンのペン先を出した状態で渡します。そして、ゲストがペンを受け取ったら、相手の利き手と逆の自分の手、つまりゲストが右利きであれば自分は左手、左利きであれば自分は右手で、渡したボールペンを流すように、先導するように、カードの名前欄に誘導します。この誘導があると、ゲストの無駄な秒数はなくなり、自然と流れる動きで名前を記入してくれます。書き終えるとほぼ同時に両手で丁寧にゲストの使用したボールペンを預かります。その際の接遇は、ボールペンの中央よりも少し上部に、下から軽く風を当てるようにしながら両手でボールペンを、新生児を預かるように受け取ります。さて、何秒かかりましたか？　接遇が成り立っていれば、八秒前後でボールペンは戻っていませんか？　つまり、ペン立てがないときでは、かかる時間を半分以下に短縮できます。

ペン立てがある場合とない場合の時間差が六秒としましょう。たかが六秒ではありません。みなさんの図書館は本日開館初日。一日三百人が来館すると仮定した場合、特に朝一番に百人が集中したとしましょう。百人×六秒。六百秒、つまり十分が接遇で生かされるのです。十分あれば、数人のゲストと一歩踏み込んだ会話ができます。正面玄関外まで見送りができます。業務も進めることができます。自己啓発の時間を確保することもできるでしょう。列がなかなか進まない、残業が多い、そのような施設は必ず、秒の使い方に接遇を生かしていません。秒とゲストの快適性を追求すれば、業務中に自分の秒も稼げるのです。ただし、気をつけるべきは、この接遇は単なる時短ではないということです。あくまでも相手を尊び、より短い時間で満足度を倍にする意識をもつことが重要なのです。

目線

では、さらにもう一歩踏み込んでみましょう。

「秒数」で記述したグーとパーに目線を加えます。よく、相手の目を見て接客をしなさいと言う人がいます。もちろん間違いではありません。相手の目を見ることで誠実さも伝わりますし、真剣さも伝わります。しかし、そ

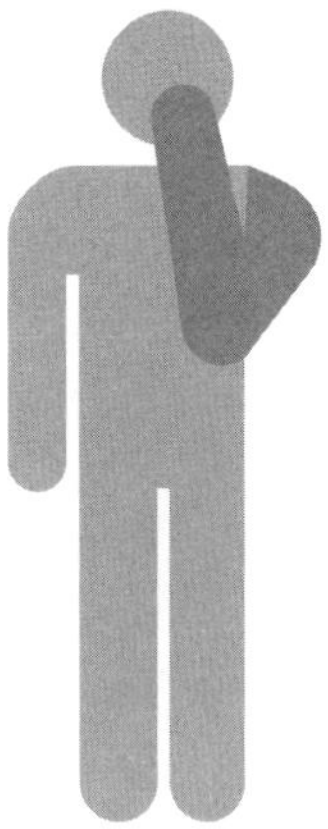
図11　グーから

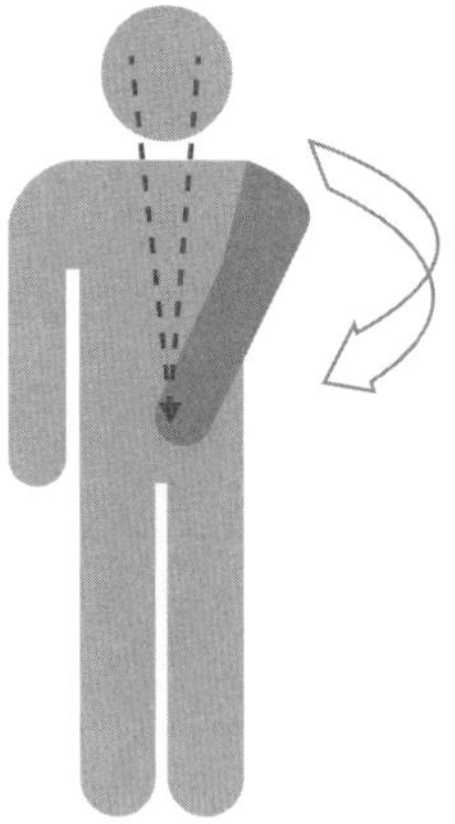
図12　パーへ

こに接遇を加えると、ゲストをより最適に最短秒で誘導することが可能です。簡単に言えば、目とグーパーでゲストの視線、そして体を誘導するのです。

①グー（図11）

モノにもよりますが、練習段階では自分の目の高さと相手の目の高さを結ぶ直線上の中間（対象物の少し上）にグーを作ります。このとき、一瞬、ゲストの目が自分のグーで隠れるといいです。

ゲストの目を見ることから始めます。そのあとにグーで互いの視線を隠し、②に移ります。

力まず、親指はグーのなかに入れても外でもかまいません。②以降の行程に移りやすいほうでいいです。

スタッフは、ゲストの利き手と反対の手や腕を使います（鏡に同じ）。同じ側では（手をクロスすると）、腕がゲストをじゃまして拒絶を意味してしまうので注意しましょう。

②パー（図12）

グーのままでゲストを誘導する方向に動かし始めます。そして対象物や対象方向を指し示すときに、手をグーからパーにします。ポイントは、動かし始めたグーをパーになるまで自分の目で追いかけ続けることです。

女性（図14）は親指を内側に入れて少しそらす。

男性（図15）は親指を内側に入れて少し丸めるとよりきれいに見えます。

①から②にするときに手はパーにする。そのとき、自身の手のひらを両目で追うのがポイント。腕は直線的ではなく、緩やかなカーブで対象物まで下ろす。横には広げすぎないこと。

③自分の目をゲストに戻す

動きが正確であれば、ゲストはあなたの動かした手と目を追い、合格数九〇パーセント以上のゲストを快適に誘導できます。そして最後の接遇は、指し示したパーでゲストの目線が動いたのを確認後に、自分の目線をゲストの目に戻すことです。このとき、いったんまばたきをしてからゲストの目に戻るとなおいいです。まばたきをすると瞳孔が開き、より明るい印象を与えます。もちろん、口角だけではなく目尻で笑うとより好印象です。そんな取るに足らないことと思うかもしれませんが、一瞬の動きでも緻密な業を使えば、ゲストはその分、快適になるのです。筆者は、それこそが接遇であり、相手を少しでももてなそうとする心の部分だと信じています。

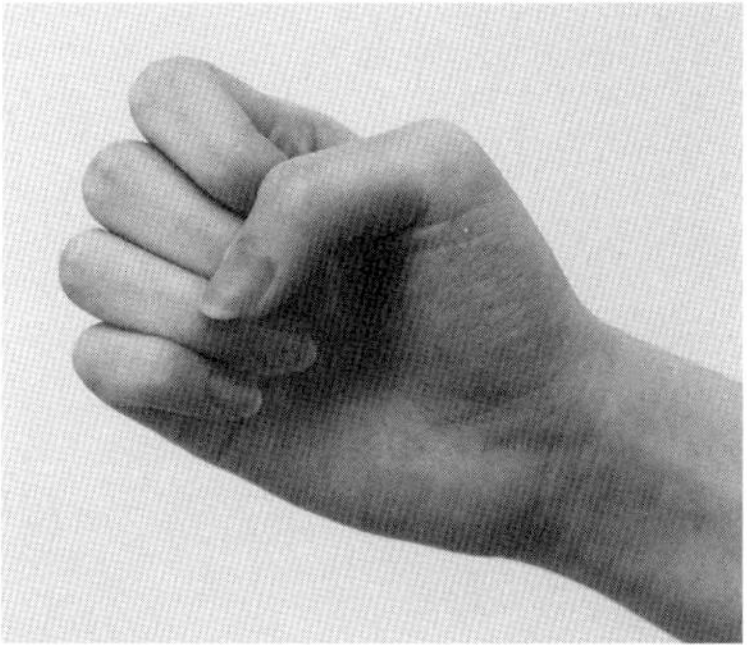

図13　グー

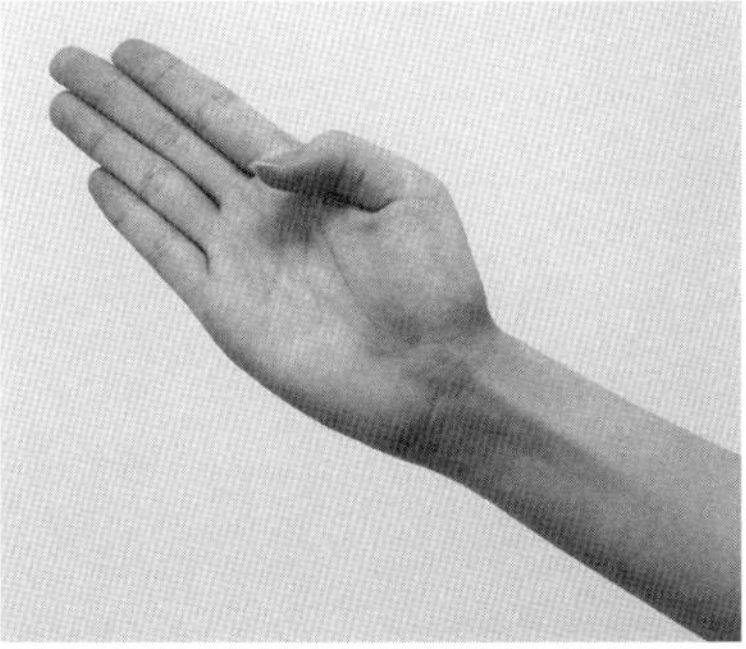

図14　パー（女性）：少しそらす

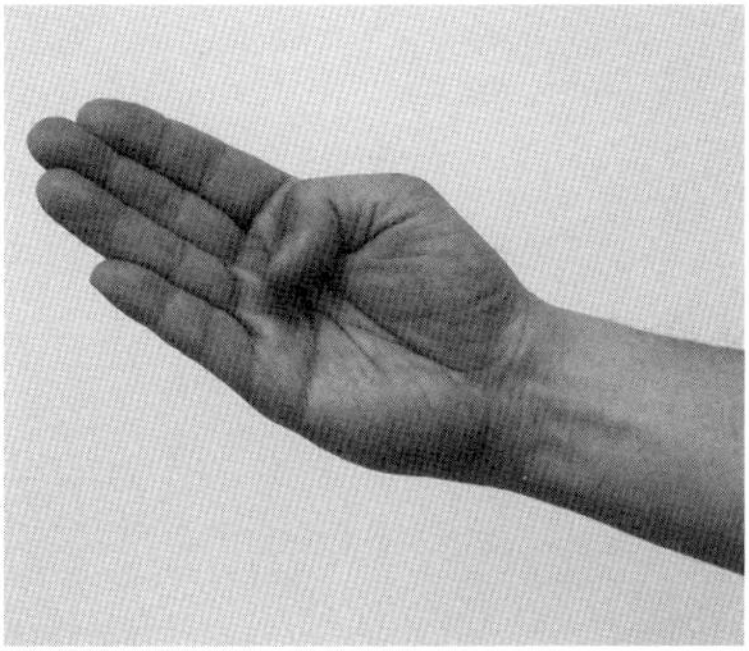

図15　パー（男性）：少し丸める

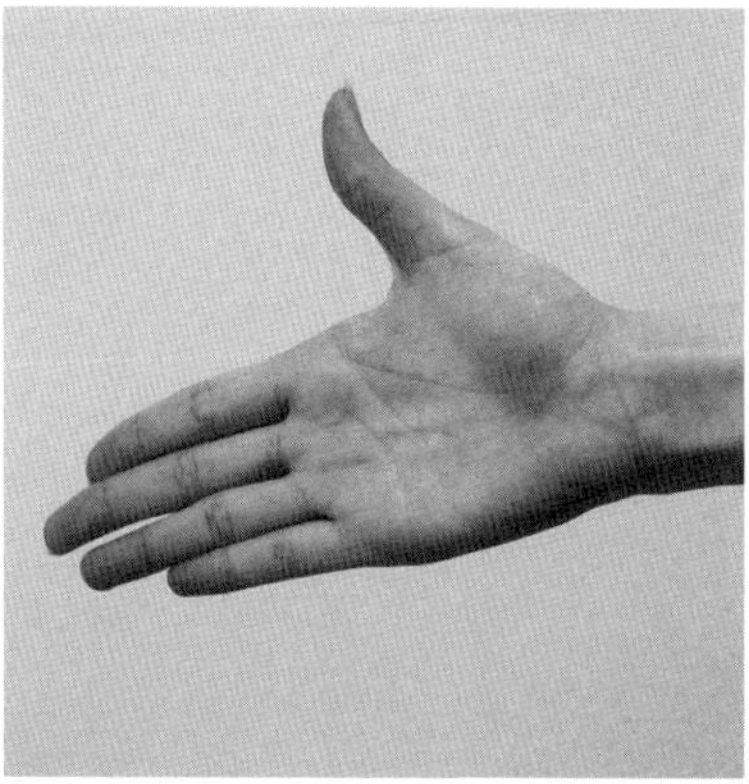

親指は立てない。
何度か実践するとわかるが、親指の力は強く、ゲストが残りの四指よりも親指を先に見ることが多くなる。秒の無駄。

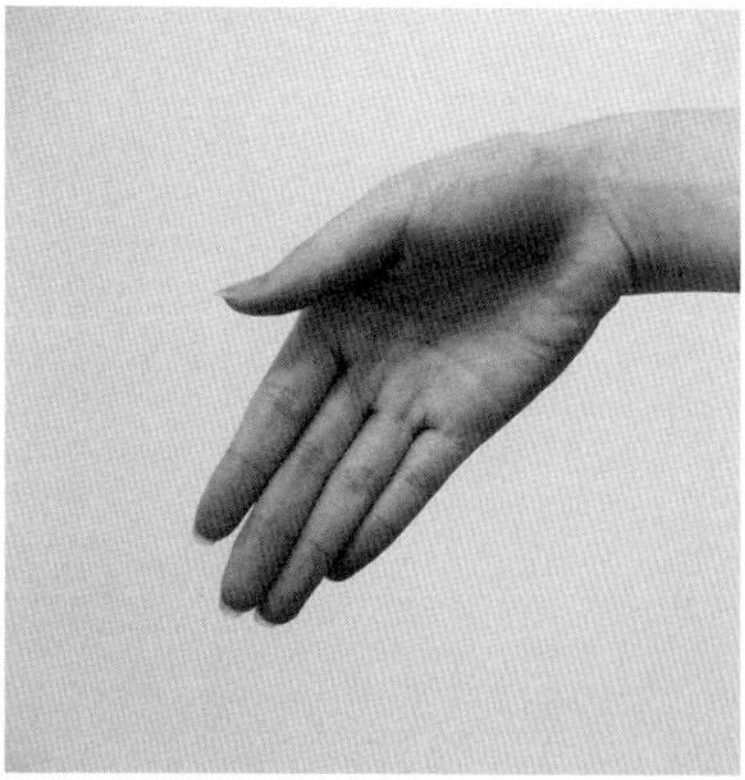

手首は曲げすぎない。
影が多いと暗くなる＝イメージダウン。

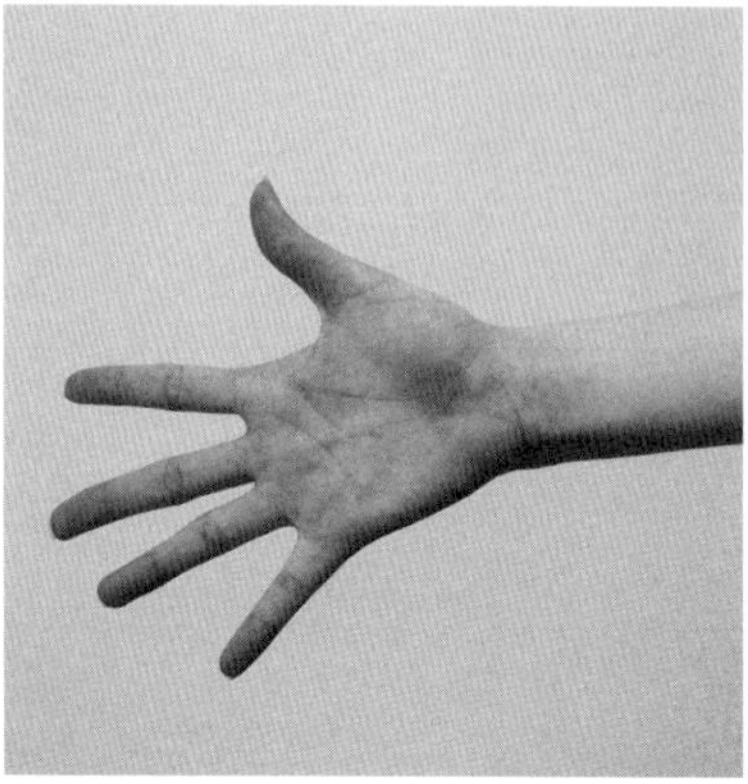

指は広げない。
ゲストの目線がばらつき、秒の無駄になる。

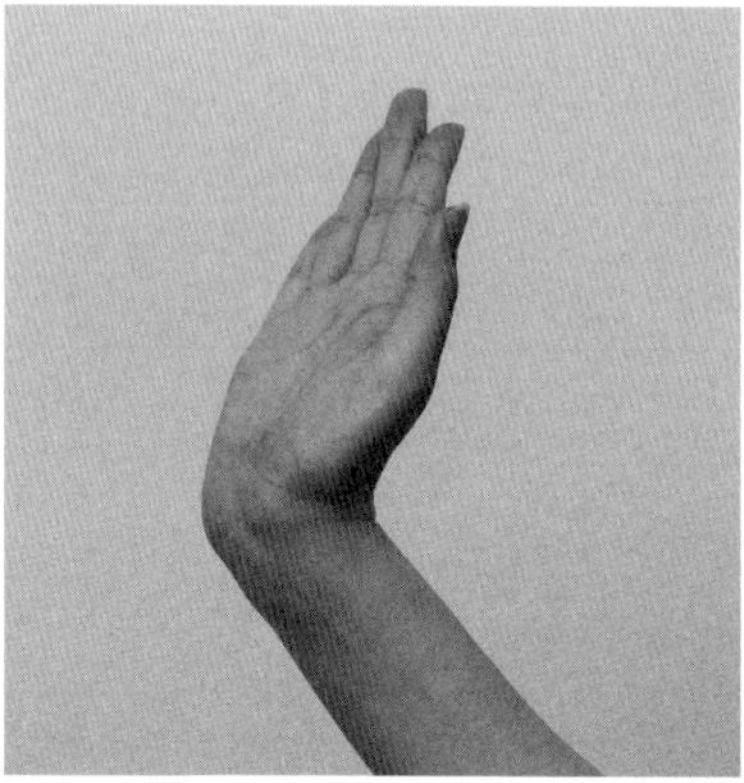

手はそりすぎない。
ゲストの目が反対側の指先にそれる。

図16　手の見せ方

いくら自分が一生懸命でも、ゲストの秒を物理的に短くすることはできません。では、どうすればその秒をより快適に短くすることができるか、それは自分のスピードと目線です。まずはスピードですが、すべてのアクションを一とするのではなく、区切りをつけて行程数を増やします。例えば、ゲストの目の前のテーブルに本を置く場合、自分で取って置くという行程は一ではありません。

図17　本を適切な高さで持つ

1、本を自分にとって適切な高さ（ゲストの胸よりも少し下が理想）に両手で差し出す。胸より高いと、わざわざゲストが手を通常よりも上げて本を受け取り、また通常の高さに戻させることになるからです。子供が相手でも同じことです。

2、本を置く。その際、ゲストの利き手の逆側の手で丸く空間を作りながら置く。

3、2の手でそっとグーパーをしながら置いた本を指さす。その際、親指を内側に曲げて手のひらにつける。親指以外はそろえて、女性は四指を少しそらす。男性は少し内側に丸めるとよりきれいに見え、そしてゲストは指先に注目しやすくなります。親指の力は強く、親指を立てると相手が対象物よりも親指を先に見る傾向が強くなります。接遇では、この手がグーのときにはゲストの目を見て、パーにしながら本を指すときに自分の手を目で追いかけます。そうすると、ゲストの目線もあなたのパーについてきやすくなります。

一・三秒の世界

ここでもう一つ接遇を入れます。前項の1—2—3の各行程は、すべて一・三秒でおこなうとよりスマートに見えます。この一・三秒の世界を接遇の基本とします。秒数が多いと、例えば三秒でおこなうと、慎重すぎてしまい、ゲストは不信感を抱きます。逆に一秒以内でおこなうと、音が出て雑になり、ゲストは心地よさを感じません。いいあんばいが一・三秒なのです。ただし、これは決めつけではありません。一つの目安です。仮に三秒でおこなっても、動きにアレンジを加えれば、より丁寧にも上品にも見えます。イメージとしては、高級なバーです。一杯数千円のウイスキーを注文した場合、より丁寧にグラスを置いて、カウンターの上で十センチほどスライドさせる。そこにダウンライトがあって演出効果が高まれば、三秒の接遇は成立します。バーテンダーは、ゲストに合わせた声のトーンでカクテル名を三秒かけて告げます。この接遇もまた、顧客履歴からその接遇が最適なゲストには、あえて時間をかけていきます。ここまででおわかりでしょうが、接遇は単なる時短ではなく、十人いれば十種の技巧で対応するものです。これこそがプロの業なのです。まずは目線を忘れずに、一・三秒から練習です。

たかが数秒の普段の動きでも、ここまで接遇を意識すれば、ゲストは質が高い総合的なSERVICEを感じることができるはずです。これは図書館だけではなく、商業施設の受付やチケットセンターほか、カウンター業務を

図18　本を置く

筆頭にすべての接客に導入できる接遇です。

余韻

すべての行程の最後に、さらに一・三秒で息を吸う時間を作ります。そして静かに息を吐くと同時に、「ありがとうございます」と一声。この一・三秒が絶妙な余韻なのです。この余韻の秒がないと、目の前のゲストへの接客をただこなすだけの、エスカレーター式マニュアルサービスになってしまいます。SERVICEとは感謝であり、巧みな秒の接遇をコントロールしなければ、心が伝わりにくいものです。わずかな違いによって、ゲストはあなたの言動を機械のように感じ、いずれ同じような施設ができたときに、比較してあなたの施設を離れる要因にもなってしまいます。余韻があれば、それは余裕となってゲストへの観察力や履歴を得る機会となります。人対人にはこの少しの懐の深さ、余韻が接遇として生きるのです。

この一連の五つの行程をスムーズにできた場合、ゲストは必ずあなたに「ありがとう」のサインを出します。ときに声に出したり、口角を上げて笑顔になったり、目尻を下げたり、うなずいたり、片手を軽く上げたり……。このサインこそを、あなたの接遇に対しての報酬と受け取りましょう。サインがなければ、一から五のなかで、何かが足りなかったとフィードバックしてください。この繰り返しが、あなたの自然な接遇を強化していきます。

2　スピードコントロール

接遇の業、二つ目はスピードのコントロールです。そして、スピードとは次の三つを基本とします。

①話すスピード

人の無意識の癖でもある言葉の速度です。人によって話す速度はさまざまですが、自覚している速さや遅さはいつも一定ではありません。感情や相手が話す速度の影響によって、自身の速度も随時変化します。

②動くスピード

言葉と動作は併行して同速では進みません。早口の人がいつも動作も早いとはかぎりません。これも人それぞれですが、①同様に、感情などで動くスピードもまた変化します。

③声の高低差（トーン）

声の高低差は比較的個性があり、その幅は数値化しやすいです。①話すスピードと②動くスピードよりも、接客上（苦言時などはまれに高低差が大きく出ますが）、感情などで極端にその幅が広がらないのは声の高低差です。

練習スタートの数カ月は、この①②③のなかの一つができれば十分です。そもそも、人が三つの動作を意識しながらコントロールして接客に集中するのは非常に難しいのです。三つの気づきが実感できるようになるには一年以上かかる人がほとんどです。地道ではありますが、日々の接客はもちろんのこと、日常生活のあらゆるシーンでも練習はできます。つまり、私生活でもこの接遇は生かすことができ、慣れてきて継続すれば、通常は半年から一年くらいでスピードの感覚がわかるはずです。ゲストの反応の変化、快適性を感じ始めたと気づいたら、二つ三つと挑戦してみてください。三つ同時のコントロールを目標に、ゲストとのコミュニケーションを楽しみながら続けることが技巧向上の近道です。自分主体でゲストコントロールができるようになると、タイムマネージメントが上手に動き始め、現場全体の時間も穏やかに流れ始めます。つまり慌ただしい時間が少なくなり、快適な距離感を作ることが可能です。言い換えるならば、常に平常心状態でゲストと接することができます。

参考までに、残りの二つのスピードコントロールも紹介しておきます。

④呼吸

簡単に言えば、相手が息を吸っているときには自分は吐いて、相手が息を吐いているときには自分は吸ってというタイミングで、カウンターでの動作を心がけます。大きく息を吐いている相手に自分も吐いてしまうとぶつかってしまいます。逆に吸う場合は、ゲストと自分との間に距離ができてしまいます。もし言葉や息が見えるものならば、吐いたときにはそのかたまりがぶつかり合ってガヤガヤとなり、お互い吸っているときにはゲストと自分の間の空気を取り合って慌ただしさが発生します。この距離感に関しては、第3節の「風船理論」でもう少し詳しく説明します。

⑤心拍

ドキドキはスピードコントロールの乱れです。例えば新生児を抱くと、深い呼吸をしているときや熟睡しているときには、新生児の胸の動きを敏感に感じ取ることができます。胸がふくらんでいるときには自分は引っ込め（息を吐く）、しぼんでいるときには自分は出して（息を吸います）みましょう。大人も同じです。新生児ほどわかりやすくはありませんが、呼吸を読み取り、心拍を見抜くイメージです。ゲストがドキドキしている場合には自分は落ち着き、ゲストが落ち着いているときには自分は少しペースアップをすると、事の進みが秒単位で速くなり、快適になります。

筆者の接遇のなかでも、常に意識しているのがこのスピードコントロールです。この接遇（業）は一度に複数の言動を組み合わせる非常に高度なものではありますが、一度身に付けると、苦手意識があったゲストタイプに対してもその感覚が薄れてきます。また、図書館での研修でいちばん質問が多い苦言処理（クレーム処理）も、この接遇でほぼ解消できます。言い換えるならば、スピードコントロールは、接遇のなかでも究極奥義の一つなのです。

図でより深く説明しましょう。

はじめに、SERVICEはすべてスピードでコントロールされている、スピードでコントロールすることができると思うように頭を切り替えてください。そして次に、そのスピードは九段階あると体で覚えていきます。

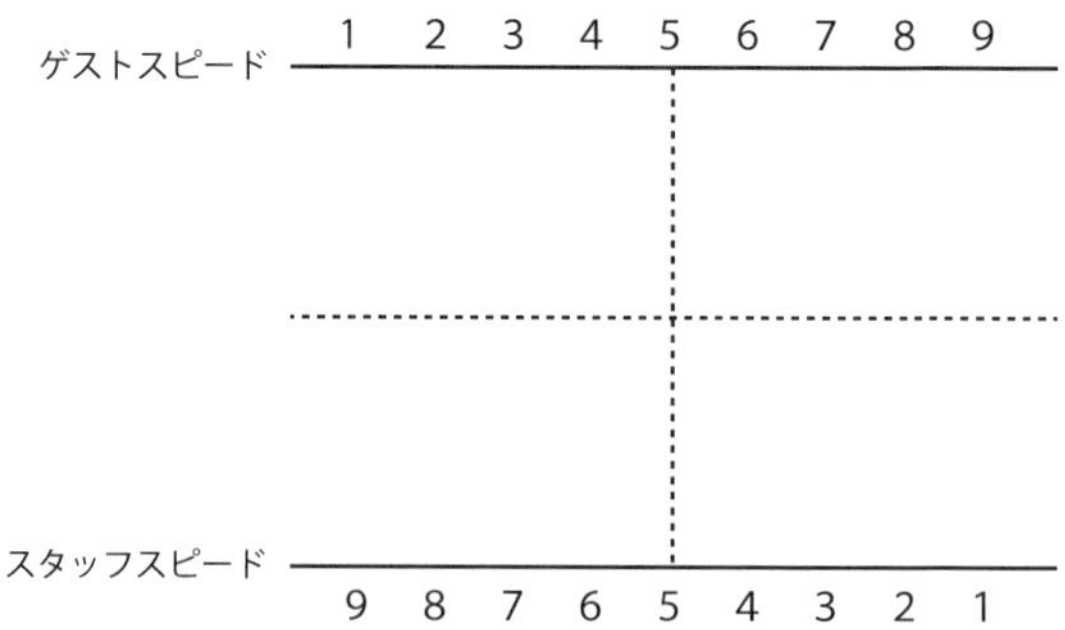

図19　スピードコントロールの基本図形
上段がゲストのスピード　：1　→　9
下段がスタッフのスピード：9　→　1

図19がスピードコントロールの基本図です。

上段のゲストは左から「1」、そして右にいくにつれて数が大きく、つまりスピードが速くなっていきます。逆に下段のスタッフは、ゲストとは反対にいちばん左が「9」、つまり速いスピードからスタートして、右にいくにつれて数が小さくなる、スピードが遅くなっていきます。唯一、数が重なるところは中心の「5」の部分です。図内の数字は、上段と下段の数を足すと必ず「10」になります。

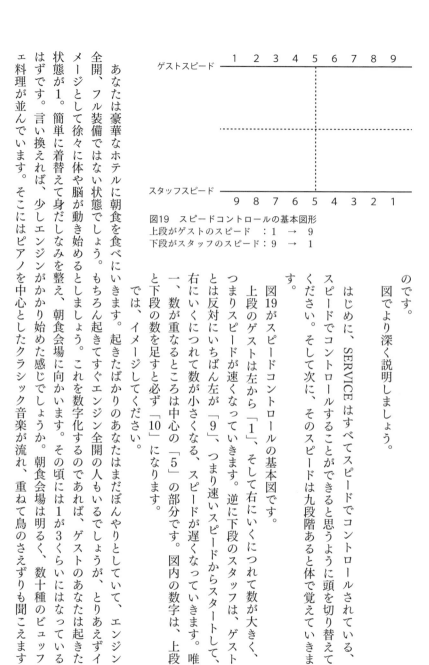

では、イメージしてください。

あなたは豪華なホテルに朝食を食べにいきます。起きたばかりのあなたはまだぼんやりとしていて、エンジン全開、フル装備ではない状態でしょう。もちろん起きてすぐエンジン全開の人もいるでしょうが、とりあえずイメージとして徐々に体や脳が動き始めるとしましょう。これを数字化するのであれば、ゲストのあなたは起きた状態が1。簡単に着替えて身だしなみを整え、朝食会場に向かいます。その頃には1が3くらいにはなっているはずです。言い換えれば、少しエンジンがかかり始めた感じでしょうか。朝食会場は明るく、数十種のビュッフェ料理が並んでいます。そこにはピアノを中心としたクラシック音楽が流れ、重ねて鳥のさえずりも聞こえます

（BGM）。鳥のさえずりを数字化すると、チュンチュンチュンと速く、あなたの朝のスピードと比較すれば、「7」くらいの速さでしょう（図20）。

ゲストのスピードは「3」
スタッフのスピードは「7」

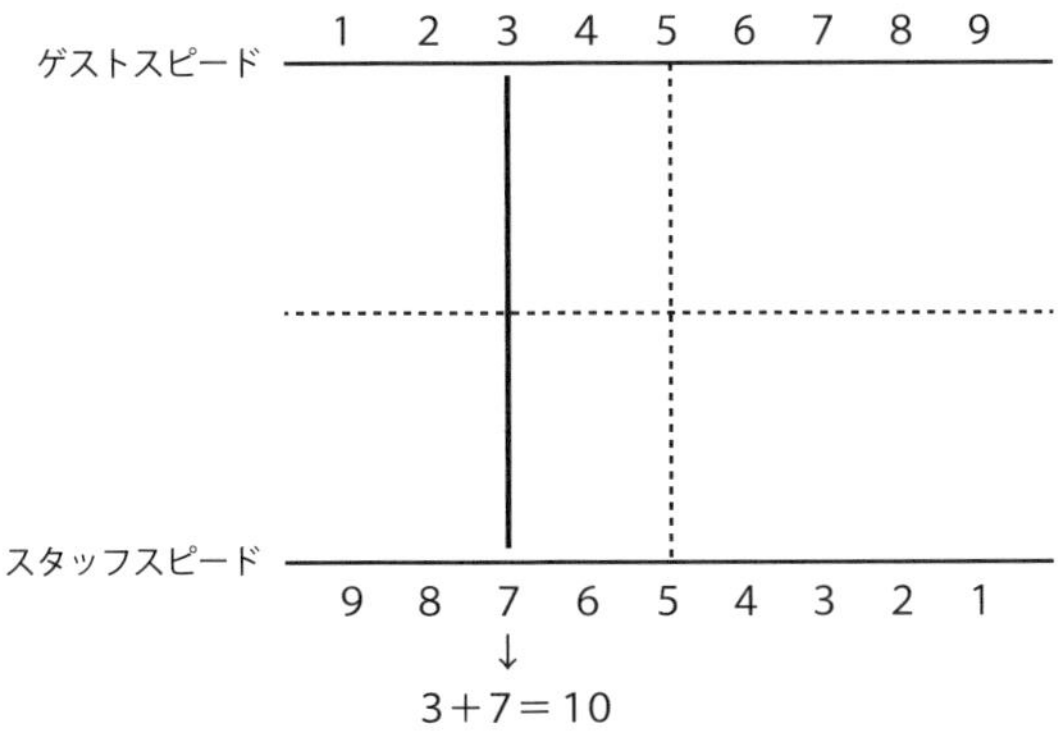

図20　遅早
ゲストのスピードは「3」
スタッフのスピードは「7」
縦軸で合わせると合計は「10」になります

図20から、ゲストとスタッフのスピードを縦軸で合わせると、合計は「10」になります。縦軸の数字が「10」となるとき、ゲストは快適性を感じます。では夕方、ゲストのあなたはエンジンをかけ続け少し疲れぎみ。朝の「3」と比較して午後から夜にかけてスピードは上がり、「7」としましょう。そのようなときにあなたが向かうのは、一杯飲める居酒屋やバー。そこでかかっているBGMは演歌だったり、ジャズだったり……。そのスピードは朝の鳥のさえずりと比較しても明らかに遅く、「3」程度です（図21）。図20と比較すると、5をセンターとして数字が左右逆の位置にあることがわかるはずです。

あなた（ゲスト）のスピードは「7」
相手（スタッフ）のスピードは「3」

これも縦軸で合わせると　合計は「10」となります。つまり快

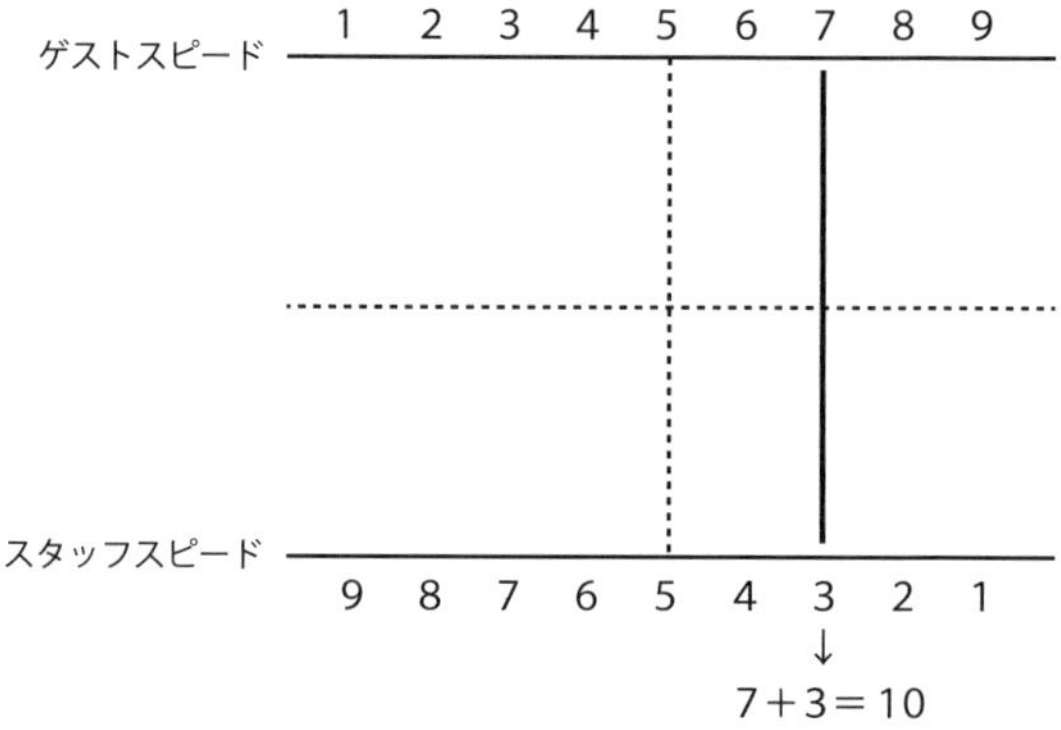

図21　早遅
ゲストのスピードは「7」
スタッフのスピードは「3」
縦軸で合わせると合計は「10」になります

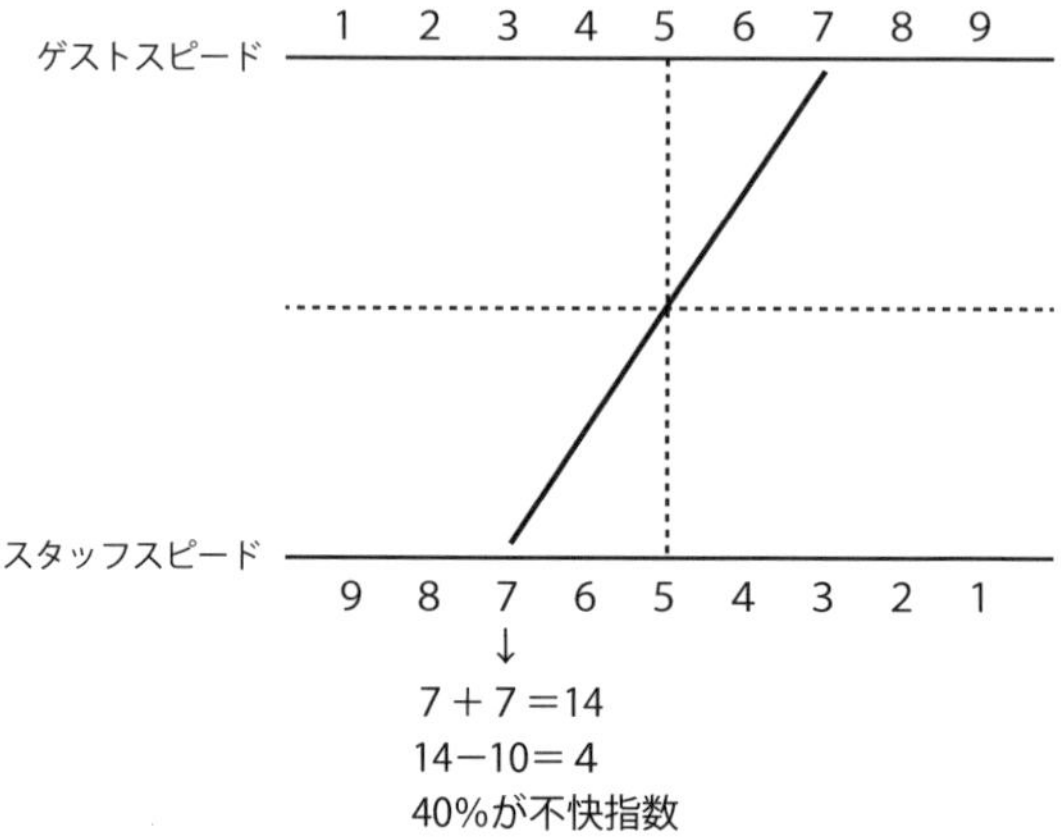

図22　早早
ゲストのスピードは「7」
スタッフのスピードは「7」
縦軸で合わせると合計は「14」になります

適性を感じます。もし、居酒屋で同僚と乾杯をしたあと、話を始めようとしたら後ろでチュンチュン、チュンチュンと鳥が鳴いていたら、あなたは快適になるでしょうか。おそらく何らかの違和感があるはずです（図22）。

あなた（ゲスト）のスピードは「7」
相手（スタッフ）のスピードは「7」

これを縦軸で合わせると合計は「14」になります。快適を感じる「10」から「4」オーバーしています。この超えた数字に「0」とパーセントをつけます。「四〇パーセント」、これが不快指数や苦言の発生率となります。あなたも過去に、図書館やほかの施設、あるいはアルバイトなどで一度はゲストからしかられたことがあるでしょう。それはおそらく前記のSERVICEの崩れの場合もあれば、このスピードの「10」超えも関連しているはずです。ゲストが早口なので自分も慌てて早口になっていたり、ゲストのイライラが募ってスピードアップしているときに、自分も慌ててアタフタ動いて空回りしていたり……。

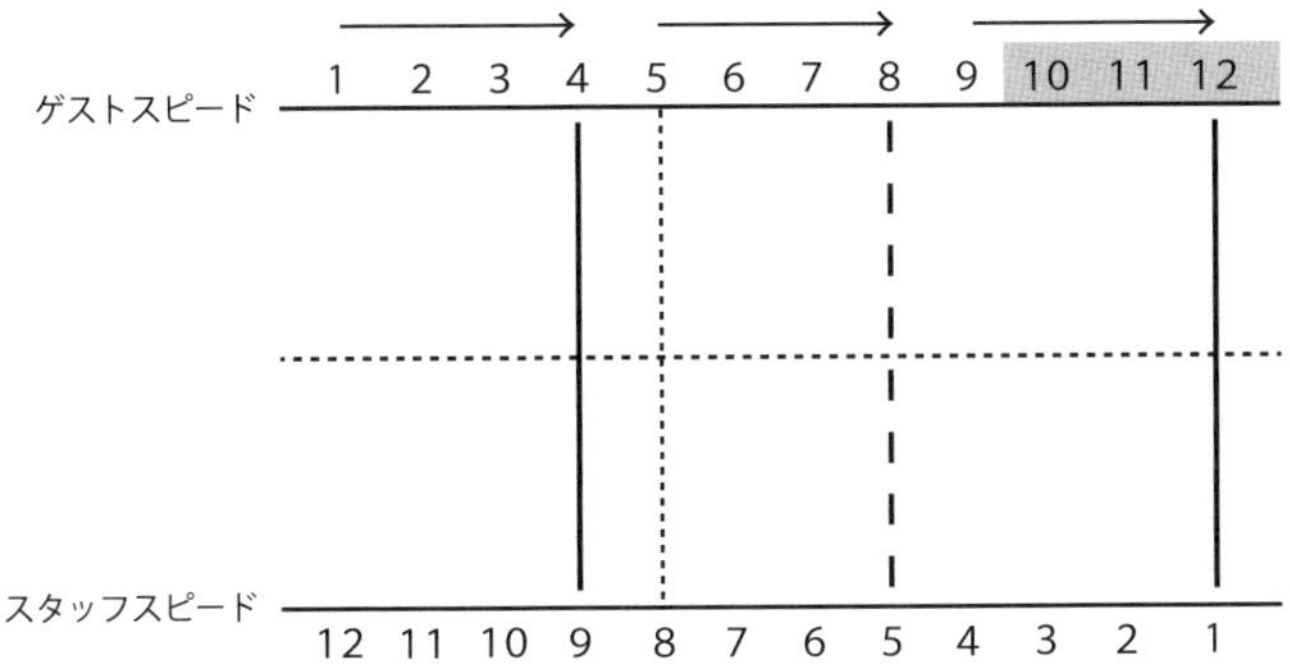

図23　軸をずらす

筆者はキハラのクオリティーインプルーブメントマネージャーとして、多くの図書館で実践型接遇研修を継続していますが、このスピードコントロールへの質問はいちばん多く受けます。よくあるのは、「上司が怒っている（スピードが速い）のに対して、自分はゆっくり動いてもいいのでしょうか」という問いかけです。スピードコントロールの理論からいうと、複数のカウンター言動が有効的です。このとき、上司は「早くしろ！」と早口で言う一方、行動が少しゆっくりめの場合が多いのです。つまり、早遅です。ならばあなたは遅早です。返事をゆっくりめにして、行動を早めにするのです。ただし、返事が極端にゆっくりでもいけません。あくまでも足して「10」が理想的です。このコントロールに難しさを感じるのであれば、基礎値をずらして練習しましょう。

もしもあなたの上司が短気型で、日々言葉も早く動きも早い、早早タイプであれば、この人の基礎値をあなたが思う平均値よりも高く設定しても

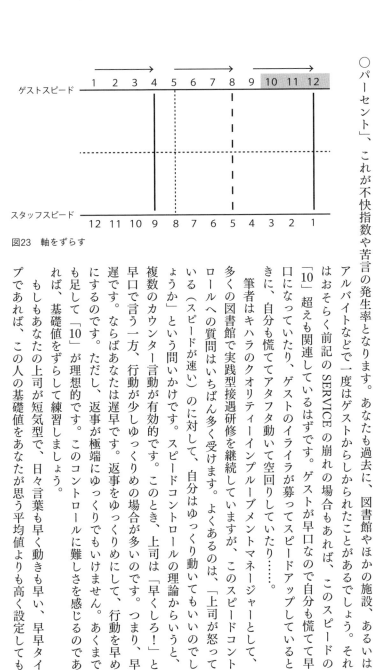

いいです。つまり仕事中（仕事モード中）はあなたを中心に設定している標準の「5」のスピードを少し高くするのです。「1」から「9」のグラフを、「4」から「12」くらいの設定として動くイメージです（図23）。仕事以外、私生活では通常の「1」から「9」モードに戻します（図19）。早早か遅遅タイプにだけ、自分の軸を増減すればいいのです。つまり、スピードコントロールは、定められたスピードではなく、時と場合によってゲストの心境変化に合わせて、自分のスピードの基準値を変えて、快適な「10」を作り続けるものです。それが、結果として相手の快適性へと変化していきます。図書館であれば、例えば貸出や返却時、本の陳列を戻す際、ブックトラックのスピードや自身が歩くスピードも、ゲストのスピードに対してカウンターを当てます。つまり、スピードコントロールでゲストとの距離感を調整して、その数秒のやりとりを快適な空間や時間に変化させていきます。わずかな秒のコントロールができることで、あなたがいる図書館は上質なAランク以上のSERVICE空間となり続けるのです。

この軸やスピード数字はすべて固定されているわけではなく、人によってスピードは異なります。ゆったりとしたスピードでエンジンがかかる人、快適性を感じる人は、基礎スピードが早い、またはエンジン加速が早めと設定します。

次は足して「10」にならない、逆に満たない場合です。例えば、寝起きで聞く演歌に近いスローな曲、朝食会場でのスロージャズ。足して「10」にならないと、動きが連鎖して準備が遅くなり遅刻しそうになったり、二度寝をしたり、いわゆる時間が足りなくなるものです。筆者は介護施設での指導経験が数カ所ありますが、現場では年配の人（ゲスト）へ、ゆっくりと大きな声で話すようにと指導されていました。スピードを合わせるという意味では正しいとは思いますが、科学的な根拠や意味は感じられませんでした。ここにスピードコントロールの理論を当てはめると……。筆者の複数施設の体験ではありますが、少数のカウンターを同時に当てると、ゲスト側がスタッフ側にスピードを合わせてこようと動きが少し早めになったり、声の強弱が出始めたりしました。接遇上、難しいのは「10」未満になったときに、どのくらい足りないのかです。結果、「10」に満たなかったり

「10」を少し超えたりする場合があります。そして、ゲストのスピードに同調を試みて、「5」対「5」の快適すぎるゾーンに入り、接客が長引いてしまうことも多々あります（この中心である「5」センターゾーンに関しては、本章の最後に説明します）。マイナスに陥るというか、心地よさを感じない場合、ここで諦めるのではなく、努力してピッタリと合うスピードコントロールを研究し続けてほしいのです。そのゾーンを感じてほしいのです。マイナスコントロールができるようになると、前記のプラスコントロールの抑制も楽に調整できるようになります。

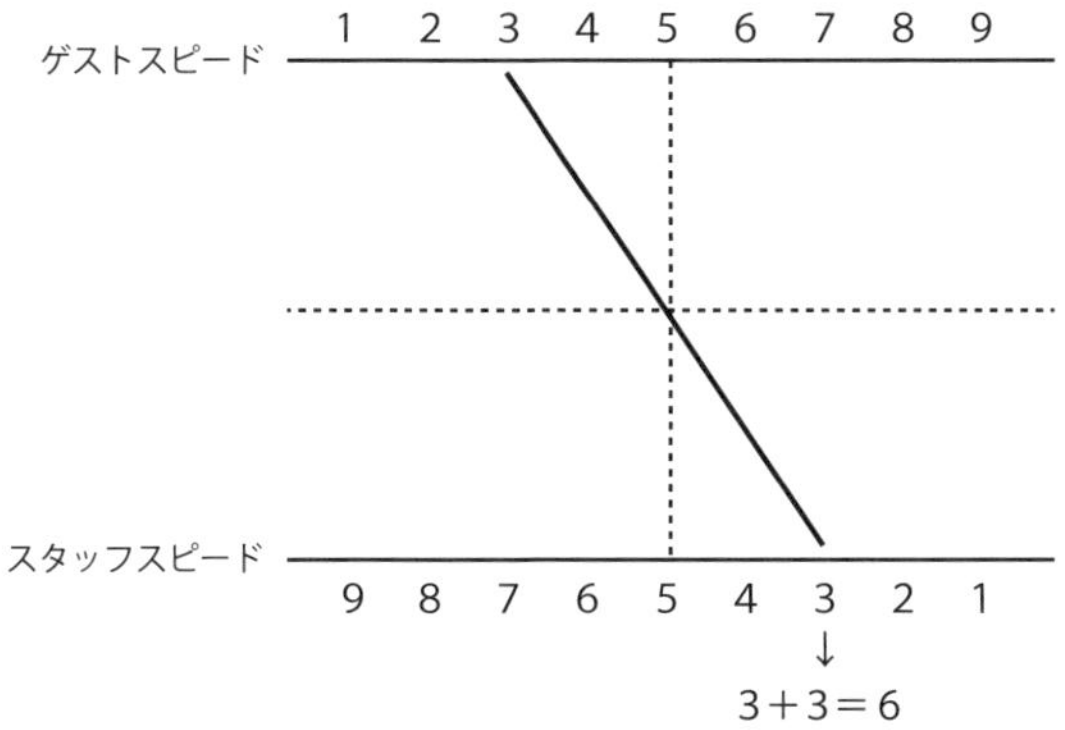

図24　遅遅

あなた（スタッフ）のスピードは「3」

相手（ゲスト）のスピードは「3」

これを縦軸で合わせると合計は「6（マイナス4）」になります。

丁寧なあいさつやゆったりとした言動は心ありの対応ではありますが、ここであえて技巧を駆使して、常連のゲストであれば履歴を使いながら、ゲストに合わせてスピードをコントロールします。あなた（スタッフ）のスピードを「3」から「7」に上げるわけです。すると、多くのゲストが導かれるように動きを止めずに流れ、少し早く反応して会話ができるようになります。ゲストがスタッフスピードに瞬時に同調しようとするのです。「3」「3」でいけば、最終的にスピードは合うかもしれませんが、過程の時間がよりかかります。接遇は最短・最適・最高の状態を重視するので、そのなかに凝縮した言動を起こすべきです。SERVICEに百パーセントはありませんから、常にSランクを目指す言動を心がけましょう。

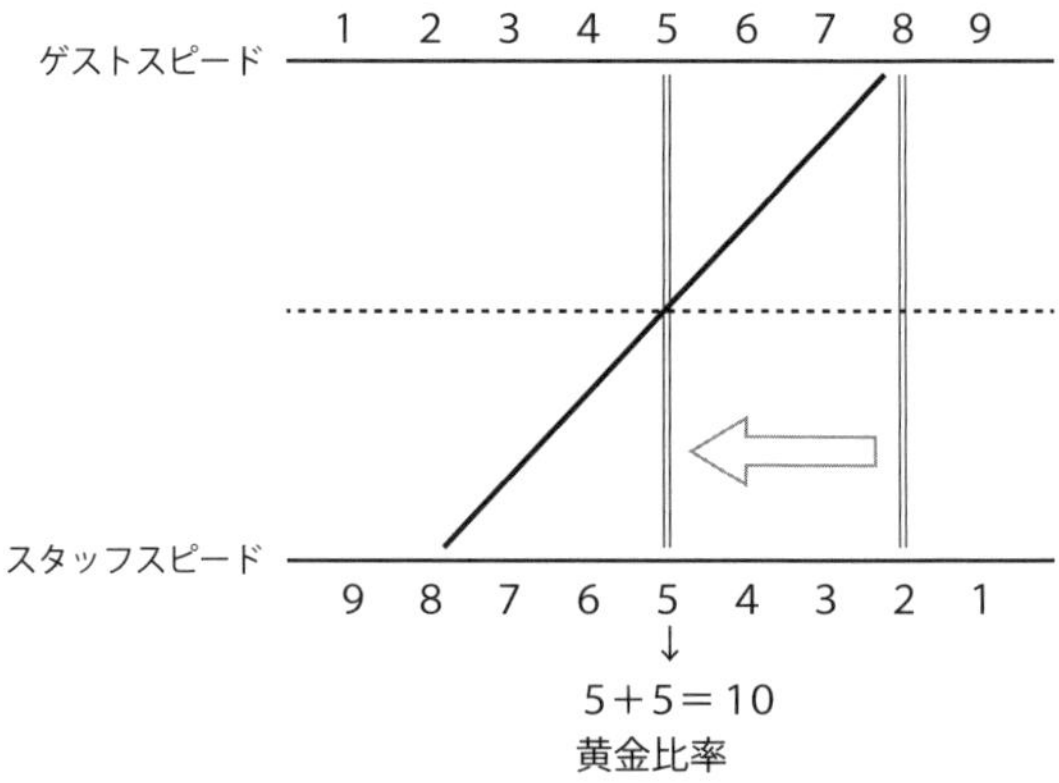

図25　センターゾーン

このスピードコントロールには一つだけ注意点があります（図25）。練習時期は別ですが、１—９のグラフの場合、または軸をずらした場合でも、ど真ん中である「５」にスピードを導いていくのがゴールではありません。実はこの「５」ゾーンは、クレーム処理やゲストを眠りに誘うときにしか使用しません。想像してください、ずっと同じトーンで同じスピードで話し続ける人がいたら、おそらく早い段階であなたは飽きるか眠くなってくるはずです。筆者の大学時代、哲学の授業の講師がそのような言動の人でした。五十分の授業は、毎回催眠術との戦いのようにも感じたほどです。

「５」はクレーム処理には効果的です。不快になったゲストは、動きか話し方のスピードが上昇する傾向があります。ここで注意すべきは、緊張したり、慌てたりして自分のスピードがゲストに合わせて上がらないようにすることです。カウンターを当て、もちろん的確な言葉遣いを前提としてゲストと誠実に向き合います。落ち着きが出てくれば（ゲストのスピードは落ちますから）、自分はスピードを上げます。これを「５」のところにもってくることができれば、ほとんどすべてのクレームは処置できます。感覚としては、早口の人の前でゆっくりめ（カウンタースピード）に話していると、早口の人は約十五秒以内にはスピードが落ちてきます。接遇上、ここで自分を足して「10」にし続けることを忘れないようにしましょう。

繰り返しになりますが、SERVICE に百点はありません。Aランク以上の合格点を維持するために、施設内を快適空間にするために、スタッフの速度調整が重要である。これが接遇の奥義です。

このスピードコントロールは、館内のＢＧＭの音量やスピードでも効果を発揮します。朝は少し高音で早めの曲、午後はその逆です。ベースが入ったジャズなどでしょうか。これが逆になると、ゲストのスピード、つまり館内の速度が乱れ、苦言が出やすくもなります。注意してください。

【ポイント】

スピードコントロールは、固定スピードではないので軸は動く場合があります。最初は「5」を自分軸に、自分より早ければ遅く、遅ければ早くと、真ん中の「5」から左右に一つずつ、合計三段階でトレーニングをしていきましょう（図26）。諸段階ではカウンター業務にスピードコントロールを取り入れて、カウンターのなかと外で練習してみましょう。スピードコントロールは、主に出入り口でのファーストコンタクトや最初の十五秒くらいで高い効果を発揮します。みなさんの図書館でも実践練習は可能です。

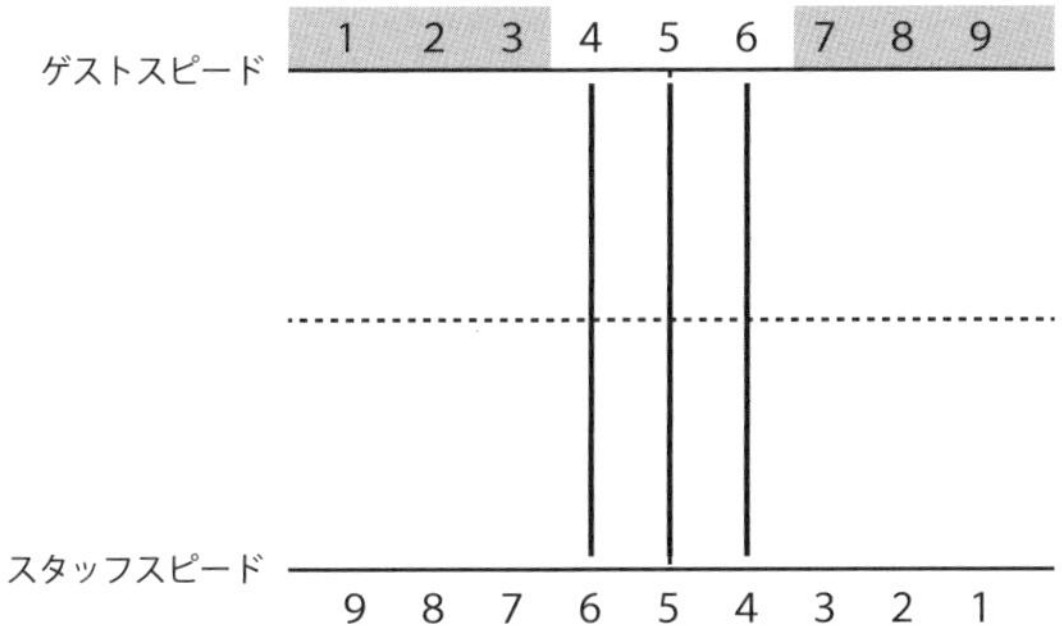

図26　トレーニングゾーン

注意点

コーチングやその応用理論などではスタッフがゲストのスピードに同調する手法もありますが、接遇はそのアプローチと逆で、ゲストのスピードにスタッフが瞬時に足して「10」で合わせ、数秒後にはゲストのスピードを上下させて快適な同調の幅に合わせます。結論から言えば、同調することは同じなのですが、筆者がいままで実践した五十万人強の対人接客経験では、この接遇アプローチによる同調が時間は早く正確でした。たかが数秒ではありますが、この数秒がいかに大切かは前述のとおりです。また正確と表現しましたが、これはコーチングを非難するわけではなく、その数秒の間にいくつかの接遇の業を駆使すれば、ゲストをより最短・最適で、快適にする正解を出

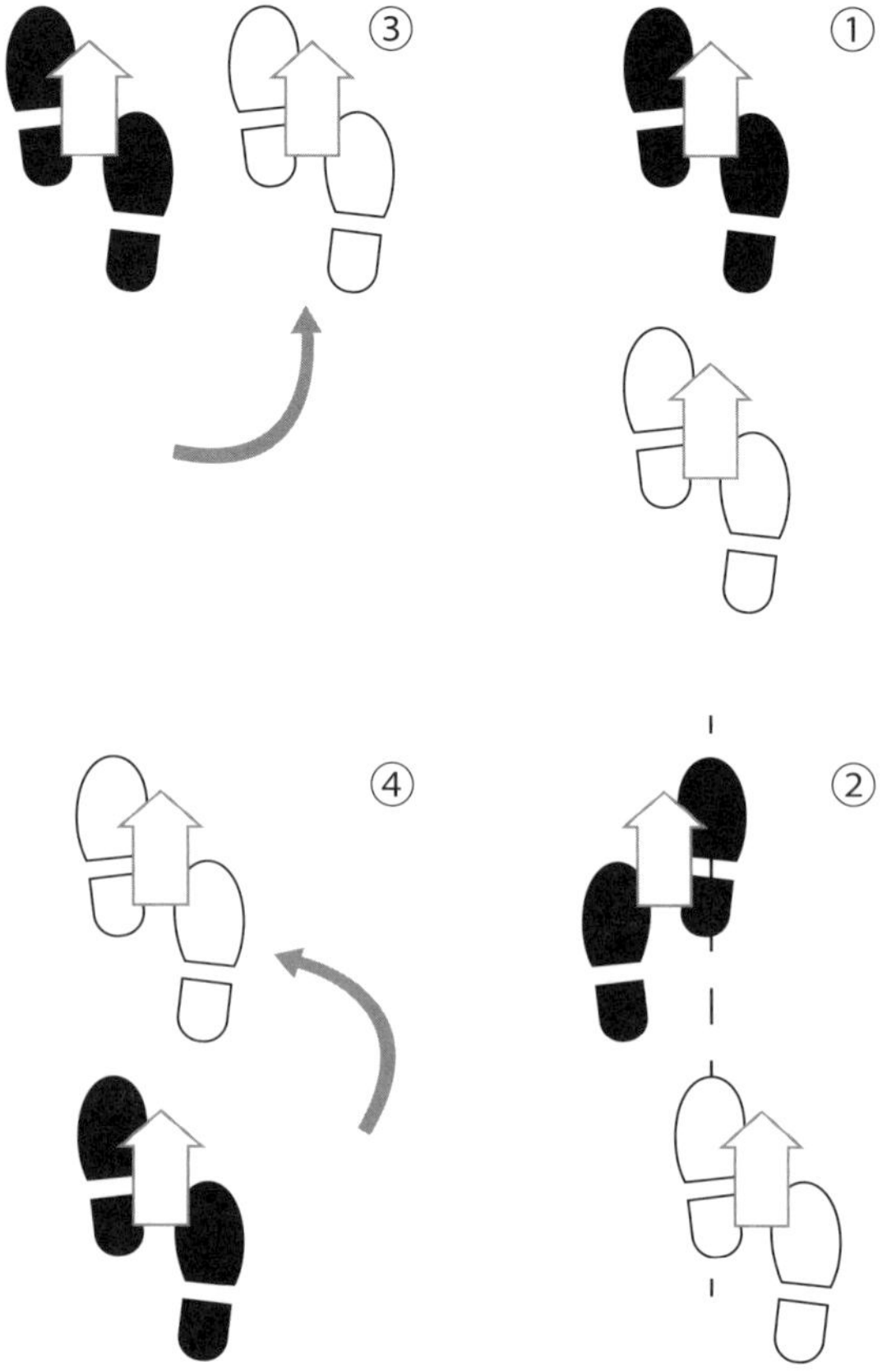

図27　タイミング練習法

しやすくなるという意味です。簡単でありながら究極。そのなかには、SERVICEの四つの定義が基盤となっていることも忘れないでください。

特別練習法

　スピードコントロールは意識だけではなかなか習熟を感じられない人もいます。そこで少々特殊な練習法なのですが、筆者も時折、自己修正する際には実践している練習法を紹介します。まずは相手のスピードを体感し、「5」で合わせることから始めます。慣れたら＋「10」にする練習をします。階段や通路を使用するので、くれぐれも事故には気をつけてください。自信がない人は、人が少ないところで仲間と練習しましょう。

　混雑ぎみの階段や通路で、前を歩いている人と左右の足の運び全般を合わせて、同じ距離感で歩いていきます。正確な動きをすれば、決して前を歩く人とは接触しません（図27の①）。次に、①で合ってきたら相手のスピードを意識しながら歩き続け、半身横にずらして、足運びを相手と逆にして再度適正スピードと距離を測ります（②）。相手と左右逆の足となる段階でスピードを合わせるには、自分の歩幅とタイミングが重要になります。ズレができたら、次は相手の横に並んで左右を合わせます（③）。このとき、スピードが早すぎると急かしている感じに見えたり、大股で違和感ある立ち居振る舞いになったりすることがあるので注意しましょう。最後に、相手を抜いてスピードは同じで正面に立ち、左右の足を同じにして歩き続けます（④）。

3 風船理論

スピードの感覚が身に付いたら、次はゲストとの距離感です。SERVICE 業で、ゲストとの距離感を明確に説明している本はないはずです。筆者も学生時代、そして職に就いてからも、何を参考に距離感を勉強できるか悩み続けていました。SERVICE を追求していながらも、文字からは学べない。先輩に聞いても「背中を見ろ」「感覚で覚えろ」と言われていました。そこで筆者は、一度 SERVICE 業から少し離れ、異業種から学ぶことにしました。まずは武道です。筆者は中学から柔道を続け、選手だったり、コーチだったり、指導者としての経験もあります。どちらかといえば、柔道はスポーツとしてよりも思想としての経験が長く、その道を実社会で生かせないか、共通項はないかなど、人間性を模索していました。そこでヒントとなったのが礼と組み手です。

道がつくものは、その多くが礼で始まり、礼で終わります。それは常識ではなく、人道的な礼儀であり、なければ無礼となる。そのように先輩や師匠からも受け継がれてきました。柔道を継続していた頃には、それはある種、当然であり、しなければいけないことだと感じていましたが、これを SERVICE 業に取り入れることが必要だと感じたのは、再び職に就いてからでした。

SERVICE 業で笑顔は重要ですが、スタッフがゲストを礼で出迎え、礼で見送ることは日本の国内では基本とされています。もちろんその礼の角度は業種によっても異なり、笑顔だけで出迎えるところもあります。某外資系のスイーツ店では、礼をなくして笑顔と元気な声だけです。そこできちんとマナーどおりに四五度で礼をすれば、少々堅苦しさを感じるでしょう。図書館で、開館と同時に某デパートのように一列に並んで各店頭で定められた角度とタイミングで礼をすれば、これもまた型次第では仰々しさを感じるかもしれません。ただ、みなさんの施設に重要客が来館したときは、礼を深めにして、スピードもタイミングもスタッフで合わせて送迎をすべき状況もあるでしょう。まずはマナー上の礼の基本を学び、意味を知りましょう。そして礼とは、筆者の接遇では、天井の高さや廊下の幅、そして何よりもその施設に合った意味、つまり地域性や顧客レベルに準じて変化させるとマニュアル感が薄れ、よりゲストになじみ、ゲストの快適性が増すと指導しています。マナーを基礎として、応用としての技巧、接遇を学べばより接客の幅は広がります。礼には感謝や心を入れなければ意味がなくなり、無礼となることは、基本として、きちんと補足説明をすることも忘れてはいけません。礼をマニュアル化するのではなく、ゲストによって微調整する（使い分ける）ことがより重要なのです。スタッフとゲストの距離もまた、「道」によって定められています。これは武道だけでなく、茶道や華道での礼も距離感や姿勢は違っても同じです。筆者は礼の大切さだけではなく、SERVICE 業でどのように応用して取り入れることができるのかを考え始めました。ただ道だけでは難しく、次に取り入れたのが、心理学や各施設を担当したデザイナーの意向です。

まずは心理学から。学生のときに習ったエドワード・ホールの対人距離。対人間の距離で感情や意識が変わるというものです。

・密接距離（intimate distance）

十五センチから四十五センチ。愛撫、格闘、慰め、保護の意識をもつ距離。

・個人的距離（personal space）

四十五センチから一メートル二十センチ。相手の気持ちを察しながら、個人的関心や関係を話し合うことができる距離。

・社会的距離（social distance）
一メートルから三メートル十センチ。秘書や応接係が客と応対する距離、あるいは、人前でも自分の仕事に集中できる距離。

・公衆距離（public distance）
三メートル六十センチ以上。公演会の場合など、公衆との間にとる距離。

ホールは、各距離をさらに近接層と遠隔層とに分けて、あわせて八通りに分類しています。具体的な距離範囲は民族や動物の種類などによって異なりますが、距離が四通りか八通りに分類できることは共通しているといいます。

ホールの考えからの例としては、いくつか興味深い実証もあります。みなさんが電車に乗ったとき、すべての座席が空いていたとします。あなたは図28の1から5のどこに座りますか？

多くの人が1か5の両端を選びます。そしてもし一方の端の席に既に誰かが座っていれば、もう一方の端、次に真ん中、そしてその間という順に埋まっていきます（図29）。1に座っている人がいて、ほかすべてが空いているのに2に座る人は、おそらくきわめて少数派のはずです。面識がない人に対して、いきなり隣に座る密接距離は警戒心

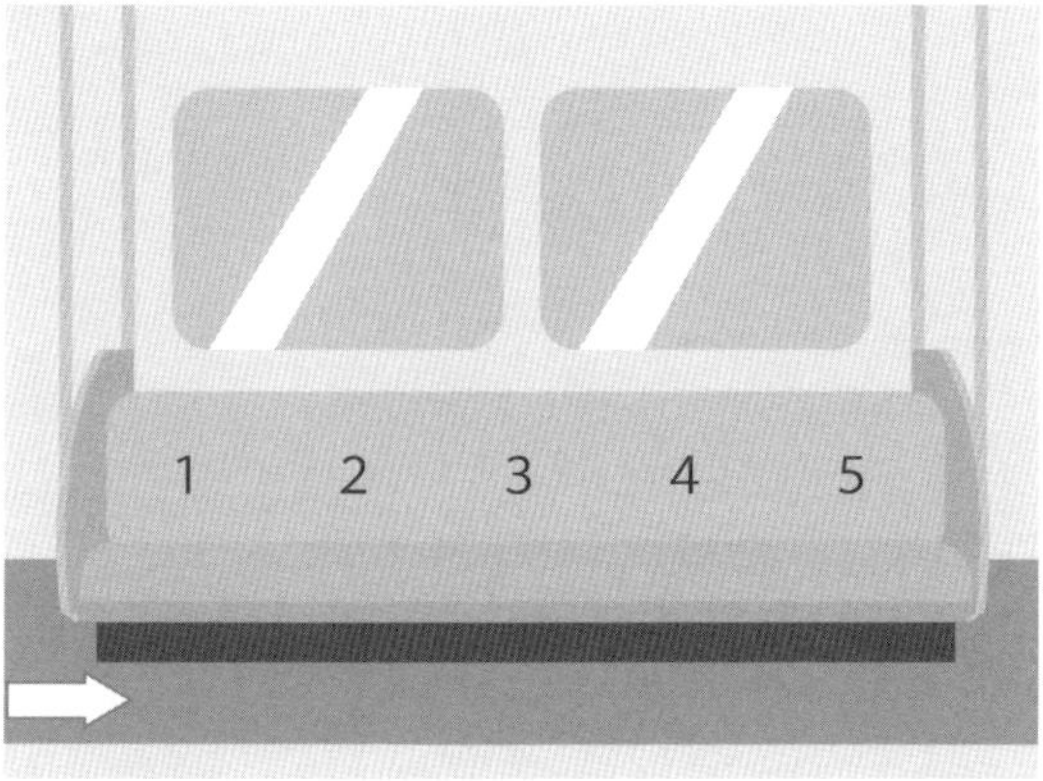

図28　電車のイス

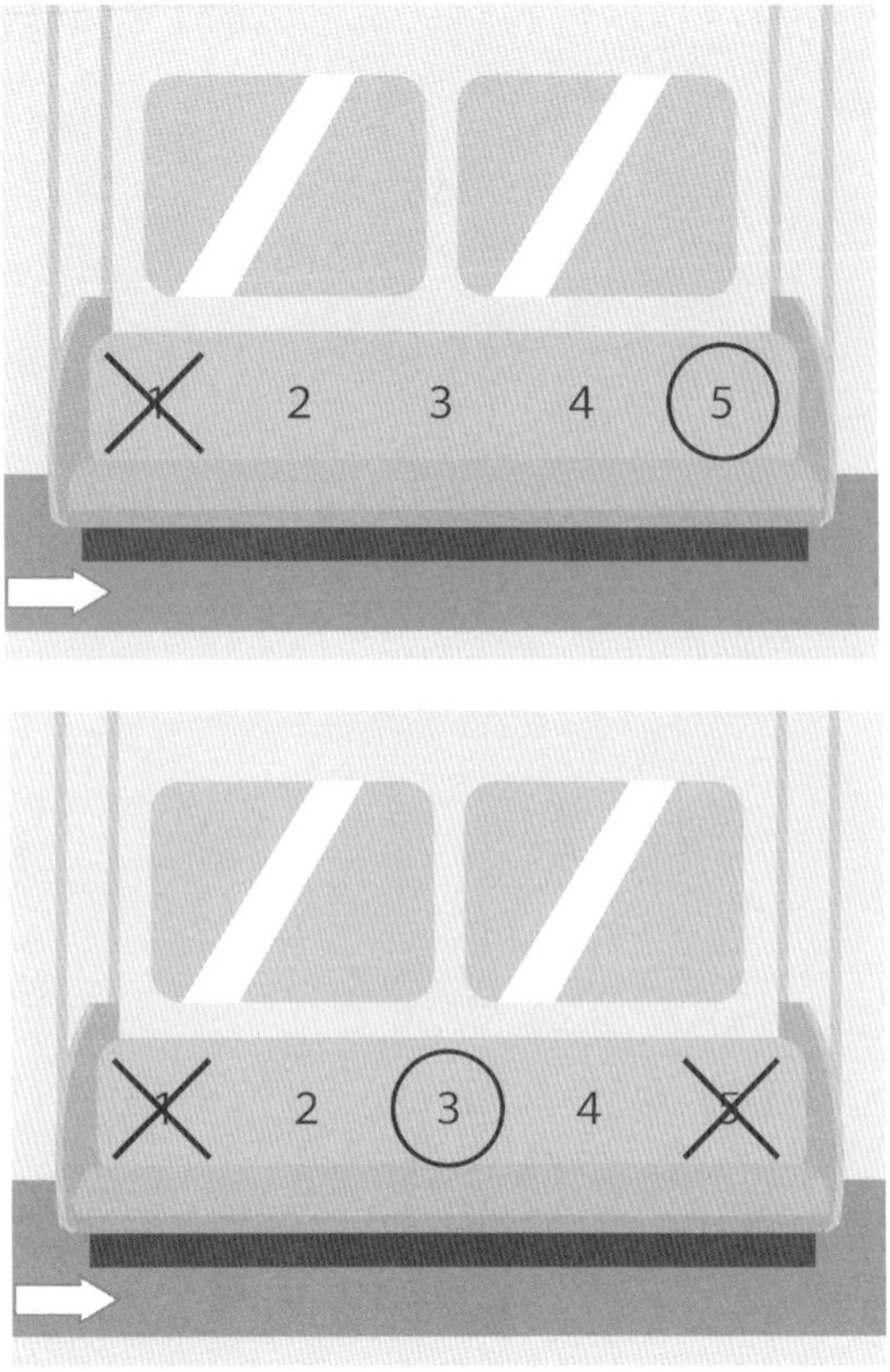

図29　電車のイス、どこに座るか

を生じさせるからです。

またこのような例もあります。横断歩道手前で一人が信号待ちをしています（図30）。黒い丸の人が先に信号待ちをしていたら、あなたはどこに立ちますか？　電車の座席同様、近すぎず、空間があれば、おそらく相手との間に一定距離を保つのではないでしょうか。

この二つの例から、人と人の間には何かしらの見えないバリアがあるとも思えます。それは、直線的な距離なのか曲線的な距離なのか、それとも歪みの空間なのか……。これをSERVICE業でも取り入れてみましょう。接客ではその形は定められません。しかし、スタッフの接遇によって、この空間にあるべき形は何が最良なのでしょうか。

筆者もSERVICE業経験者として、この対人距離は意識していました。ただ、プロトコール（国際儀礼）によって、この心理学的な距離だけでは説明しきれないことがあり、またゲストとの関係性によって日々適正距離は前後するとも感じていました。さらに経験を通じて深く学習し、この距離は直線ではデータ上どおりとなるが、接客では、曲線的な距離感で少々快適性のズレが生じるとも感じていました。ゲストとの距離が直線か曲線かによって接客の幅も大きく変わりました。そのなかでも特に注目しているのが、パーソナルスペースです。ホールの研究によると、日常のあらゆる場所でこの対人距離は見いだせます。図書館で、ゲストを遠目に注視すること

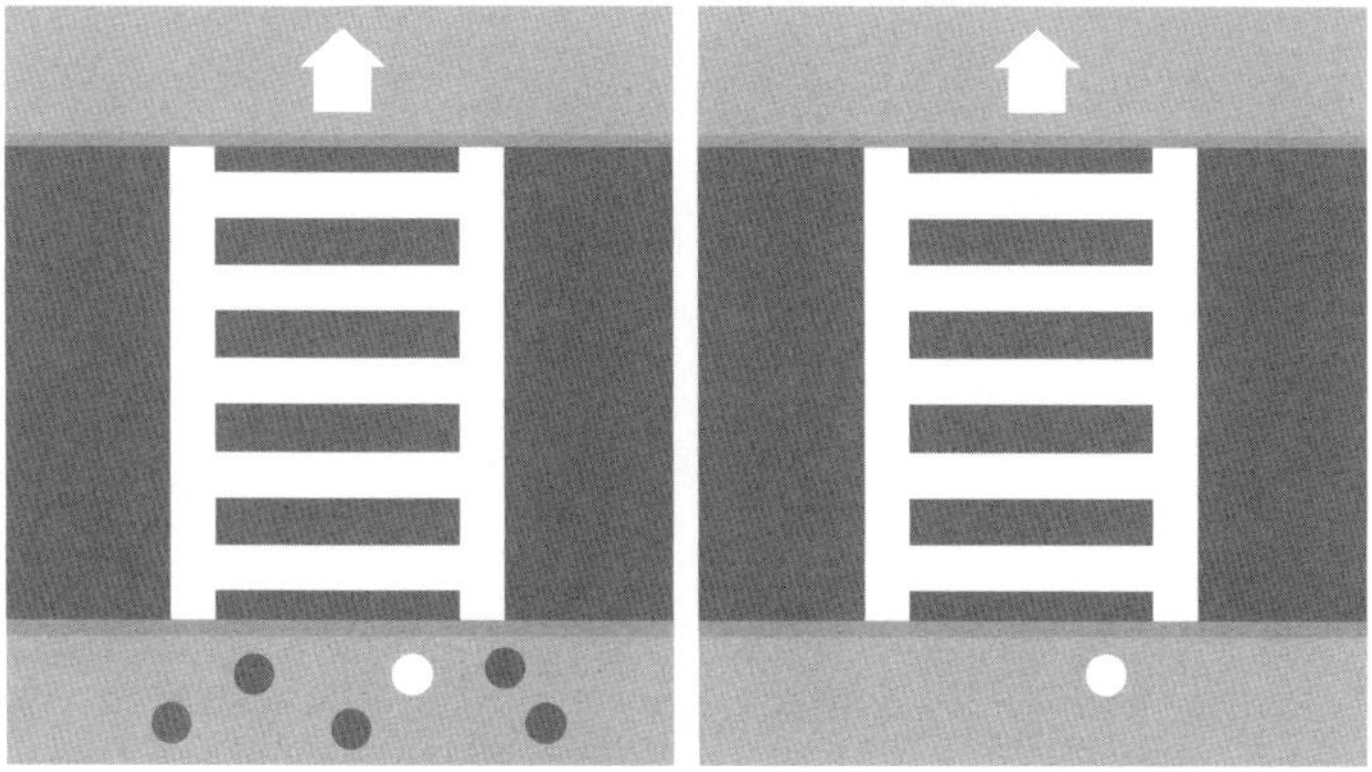

適正距離を保つ傾向

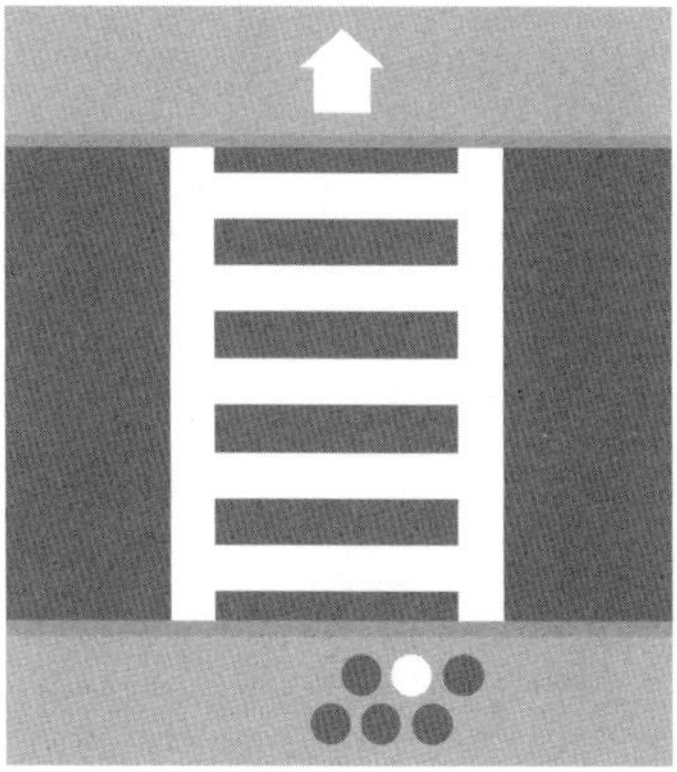

片側に偏ることはまれ
※同グループやペアは除く

図30　横断歩道

はあっても、ゲストと直に接する、快適性を与える距離は大方パーソナルスペースの四十五センチから一メートル二十センチです。となれば、みなさんの図書館のカウンターの幅や長さによって、スタッフの立ち位置もミリ単位で調整すれば、ゲストは快適性をより感じます。柔道の組手からも学んだその距離感の調整方法は、このあとまとめて詳しく説明します。

パーソナルスペースの距離感を意識しながら、そのなかでのスタッフの言動（接遇）を説明する前に、もう一つ忘れてはいけないのがデザイナーの意向です。デザイナーはみなさんの施設、図書館をさまざまな角度から熟考し、最適なデザインを提供してきます。直線的なもの、曲線的なもの、光の調整や色彩、カウンターの高さや椅子の高さなどです。決められたデザインのハードウエアは変更せず、そのよさは最大限生かすべきです。スタッフがやりやすいように置き場所を変更したり、少数の意見だけを重視したりすると、その反動でオリジナルデザイン（空間）の快適性を感じていた多くのゲストが徐々に離れていきます。つまり、みなさんの図書館を離れて別の図書館へ移るか、または妥協しながら、我慢しながら、不満を抱えながらみなさんの図書館を利用することになるのです。

図31　人と人の間にあるもの

三つの形

近年では曲線重視で館内をデザインしている図書館が増えてきました。例えば受付や返却カウンター。接遇上、直線、とがり、曲線で、ゲストの動きと時間は大きく変化します。近年では空港やショッピングセンター、駅やイベント会場でも案内係のブースは曲線重視の円形か楕円形が増えています。

みなさんの図書館に曲線は多いですか？　もし少なくても、なくても心配はいりません。スタッフの配置と接遇次第では直線もとがりも、ゲストは曲線のように柔らかく感じます。それには、ゲストに対してスタッフが曲線的に立ち、曲線的にゲストにアプローチしていけばいいのです。図32のように、スタッフの笑顔と曲線的なアプローチで柔らかさを出せば、後ろの形はそのままで生かされます。また、もともと曲線的なカウンターやモノの前にスタッフが立てば、さらに優しさも出て、話しかけやすさも増します。このポジションはディスパッチャーと呼ばれます（図32）。現代のSERVICE業では、カウンター業務でもカウンター外に出て、同じ仕事をすることが多いです。カウンター内でゲストが来るのを待てば、結果、ゲストの時間を無駄にします。ですが、外に出ていれば案内をするときになかから外に出る回数が減ります。混雑しているときにスタッフがカウンターのなかにいなければクレームのもとになる、と多くの人は思うかもしれません。しかし慣れてくれば、ディスパッチャーによってカウンター内での業務の幅をより狭めることが可能なのです。ディスパッチャーの仕事は、案内・質問・世間話・あいさつ・声かけなど多岐にわたります。どのようにして行列を事前に防ぐか、カウンター内のスタッフへきれいなパスを出すか、です。優秀なディスパッチャーは、ファストフードや大手コーヒーショップ、最近では空港のカウンター、テーマパークでも見られます。一部銀行でも外にスタッフはいますが、その動きはディスパッチャーのようではなく、ゲストを流すことに集中しているマニュアル型、やらされ感が強い印象です。

【ポイント】

・直線的な動きやゲストアプローチはやめて、曲線で動き続ける。

・ディスパッチャーは止まらずに、絶えず空間の曲線動線を作り、ゲストの秒を意識しながら、自分から先に動き続けます。

・ディスパッチャーは軽く口を開いておくようにします。心理学上、口を閉じているスタッフと少しあいているスタッフとでは、ゲストの半数以上が、口があいている（受け入れる態勢）スタッフに話しかけます。

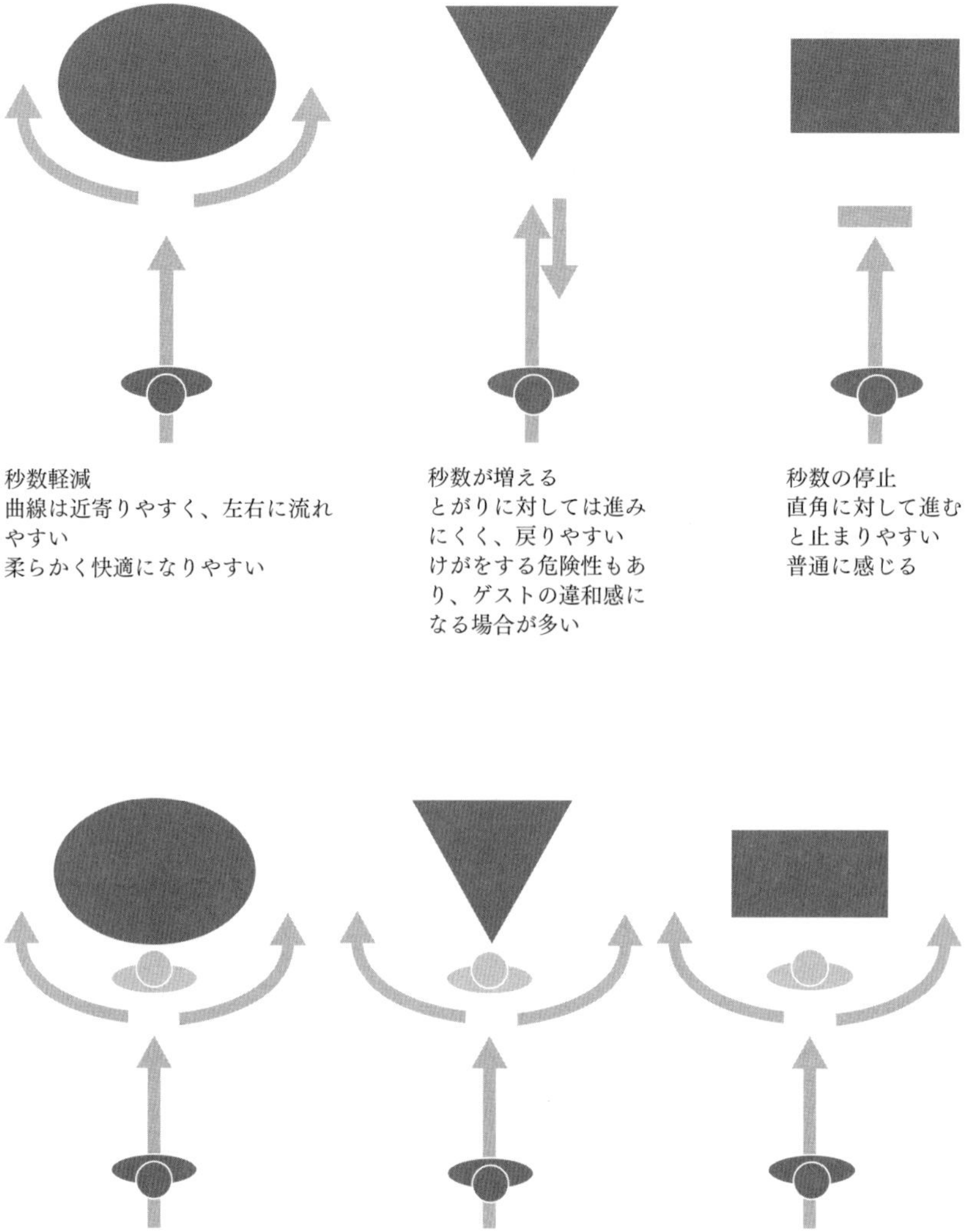
秒数軽減
曲線は近寄りやすく、左右に流れやすい
柔らかく快適になりやすい
秒数が増える
とがりに対しては進みにくく、戻りやすい
けがをする危険性もあり、ゲストの違和感になる場合が多い
秒数の停止
直角に対して進むと止まりやすい
普通に感じる

図32　カウンターの形とディスパッチャー

ここで、前述のパーソナルスペースに接遇を取り入れます。例えば、動線がどうも円滑ではなく列ができるとき、返却カウンター前に追加でパーテーションを設置するのではなく、スタッフに接遇の動きを取り入れることで、デザイン性が保たれて課題が解消されます。その接遇の動きの大根底は、曲線的な動きです。この動きを補足するために、もう一人、そのヒントになるデザイナーの話をします。

ルイジ・コラーニは曲線を取り入れたデザインで有名であり、筆者もスーパーカー世代として彼がデザインしたドイツ車や彼が特別仕様で販売したプルバックのおもちゃのとりこでした。コラーニの曲線の理論を追求していくと、例えば地球の上に家を建てた場合、床を直線にすると地球の表面のカーブと異なり家が床を滑る（ズレる）ことになるので、床は地球のカーブに合わせて極力直線に近い曲線にする。例えば、池に丸い小石を投げれば、水の波紋は中心から外めがけて丸く広がる。四角いレンガを投げ入れても、水の波紋は四角ではなく丸くなる。この二つの理論を合わせれば、地球に衝撃を与えると、その衝撃（波紋）は曲線になる。つまり表面的には地球上に直線はないことになります。

この動きは武道にも通じていると思われます。真っすぐに攻めてきた相手に対して、直線で押し返せば、あとは力任せで勝者が決まる。柔道では、柔よく剛を制すとあるように、直線的な剛の力に対して、その相手の力を利用して極力直線に近い曲線で返したり流したりすると、力よりも技で相手を投げることができます。これは護身用の柔術（柔道の昇段審査での形）でも同様です。武道には科学的根拠があり、SERVICE 業の接遇もまた同様だと気づきます。

ここまでの例題から共通して言えるのは、直線ではなく曲線が重要なこと、そして SERVICE 業で人の間には曲線的な何かがあるということ。言い方を変えるならば、人は直線的な動きに違和感を抱き、反応が遅くなるのです。つまり、S級の接遇では、直線の動きは一切使用せず、曲線で動きます。その代表的な動きとしては、図書館でいうなら本の受け渡しです。スタッフがゲストに本を貸し出す、受け取る日常の業務。曲線的な動きは、本の付加価値や存在価値を高めます。一・三秒の世界プラス曲線です。そしてその曲線は限りなく地球のカーブと同じ感覚とします。まずは比較してみましょう。本を真っすぐゲストに渡す。そして次は、少しだけ曲線で渡してみます。両手で渡す場合は左右同時ではなく、右左で少しタイミングをずらして渡します。このときマニュアルのようにカクカク動けば、その光景は表彰状授与のようであり、また頭の角度次第では告白のようにも見えます。数ミリずらす、ほんの数ミリ秒遅らせて本を渡せば……。その違い、柔らかさは伝わるはずです。では次に、その曲線を解剖していきます。

　モノの受け渡しでは、グーパーを含む手の動き、目線、タイミング、距離感、そして丁寧さがその施設にあっているか、過剰ではないかが重要になります。持ち方を含めたものは一・三秒の世界で説明していますが、ここ

①どのような形状のモノでも水の波紋は丸くなる。

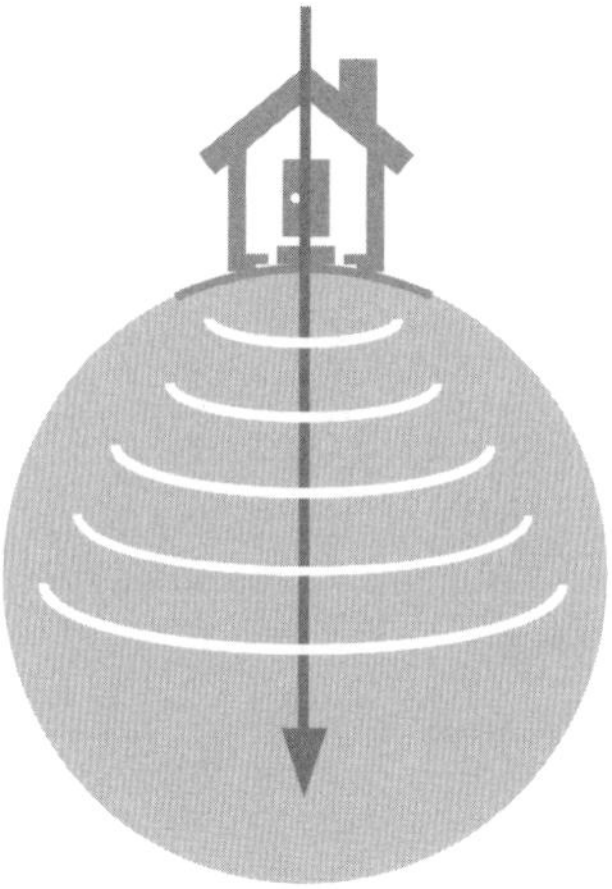

②家の床も地球に合わせたカーブにする。
地球に衝撃を与えた場合、その衝撃は波紋状になる。
つまり、直線はないという考え。

図33　球体の波紋

に距離感を曲線で足していきます。

本の受け渡し

①基本動作

A、本の受け渡し前後は、笑顔でゲストの目を見る。

B、ゲストが本を持つ場所を最大限あけて、持ちやすいように、書名や著者名や写真、絵などに指がかからないようにする。

C、ゲストの身長や体形に合わせて、極力手が上下せず、自然に本を受け取りやすい位置で渡す。

D、両手で丁寧におこなうことが基本。ここで、左右の手を曲線で少しタイミングを遅らせながら、ずらすイメージで手を出すとより丁寧。左右の手を同時に出すとゲストに圧がかかります。

落下防止の動作A

①ゲスト↓スタッフ

A、物品の下に片手を添える（本の落下防止のため）。ここがサービスのポイントです。

B、反対の手で本を持つ。受け取る。

この際、書名や著者名や写真、絵などに指がかからないようにする。ここがマナーポイントです。

C、最初に添えていた手で物品の底を支える。ここが接遇のポイントです。

D、両手で物品を受け取る。ゆっくりと自分側に本を引く。ここがおもてなしのポイントです。

＊大きな本や重い本は無理をせず両手で支えるといいでしょう。

＊図34から図41までの写真ではわかりやすく紙袋を使用しています。

落下防止の動作B（図35）

①スタッフ↓ゲスト

A、片手で持ち、落下防止のために物品の下にもう一方の手を添える。
本の名前や著者名や写真、絵などに指がかからないようにする。ここがサービスのポイントです。

B、両手で物品を渡します。添えた手は軽めにする。ここがマナーのポイントです。
両手でしっかりと持つと丁寧すぎて、表彰式のように堅いイメージになる。

C、添えた手を本に触らない程度で本の下に残し、持っていた手を本から離し自分側に戻し始める。ここが接遇のポイントです。

D、本の下にある添え手（落下防止）は受け渡し確認後に、しっかり持っていた手を追うように、少しずらしたタイミングで自然に曲線的に自分側へ戻す。ここがおもてなしのポイントです。

【ポイント】

本の受け渡しは、本とは思わずに、新生児と思ってみましょう。本だけではなく、入館カードやペン、案内用紙でも同じです。新生児だからより丁寧にするということではなく、モノも同様に大切に扱ってください。そしてそのことを当たり前にするのです。みなさんは片手でゲストに本を渡すことは少ないと思われます。それは新生児でも同じです。片手であれば落下の危険性があります。けがをします。本にも命があります。先入観でモノに値段や価値をつけるのではなく、心を入れた言動を心がけましょう。渡し方一つでも接遇次第では、その本の価値を高めたり、読書前のゲストに高揚感を与えたりすることも可能です。新生児と思い、思わずほほ笑んでしまう……そんな、本を大切にする、大切に見せる図書館を目指しましょう。接遇を取り入れれば、渡すためにかかる時間は同じか短くなり、同時に快適にもなりますから。

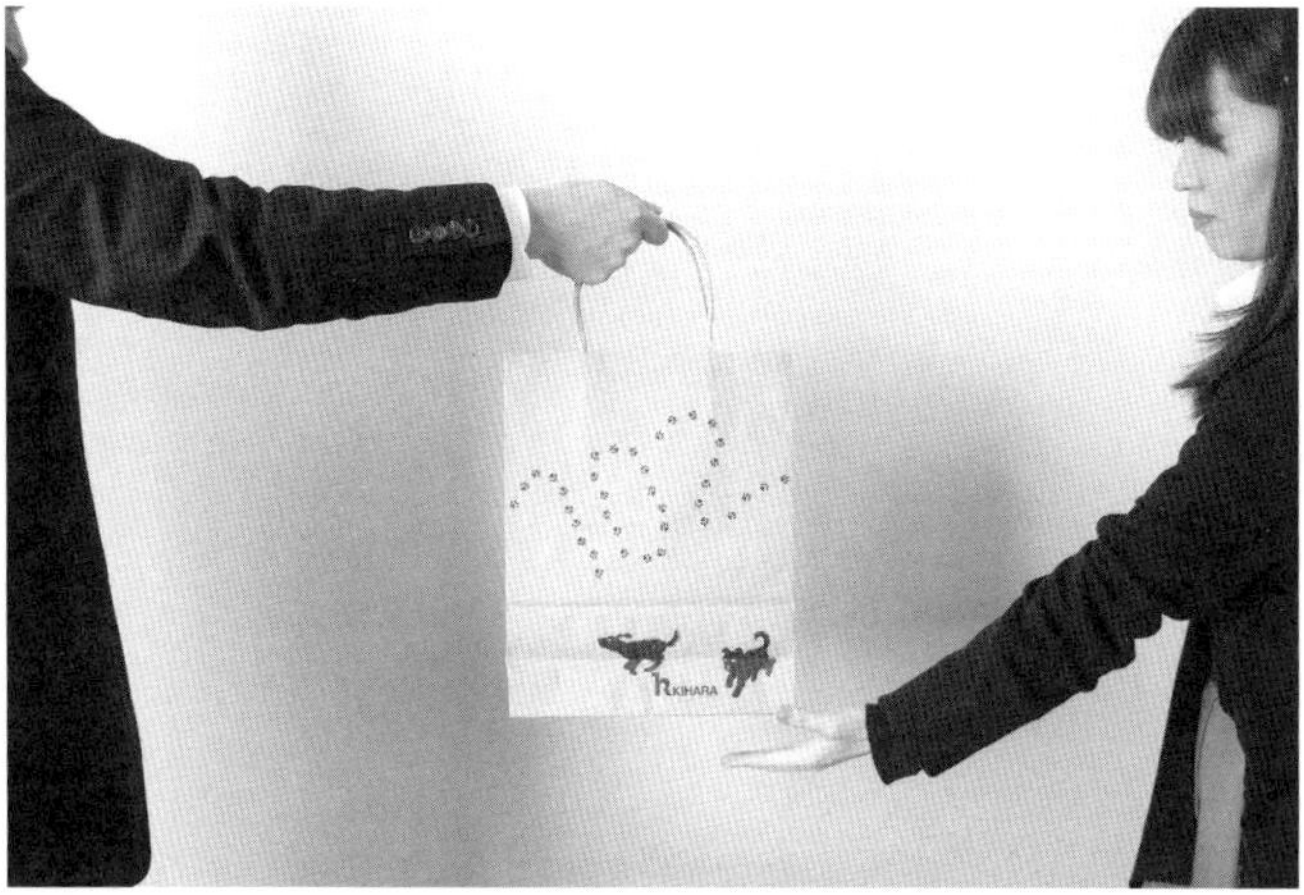

図34　受け A

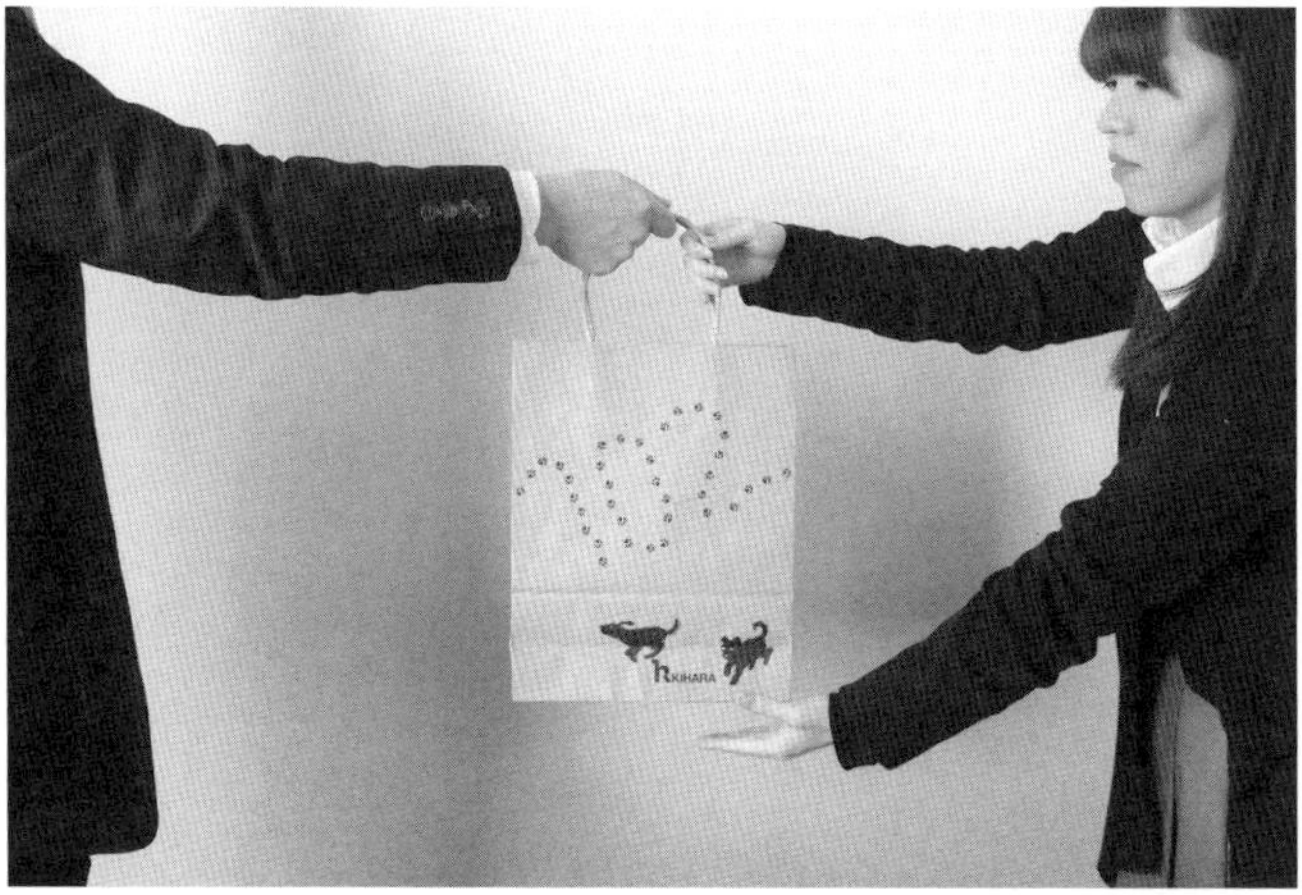

図35　受け B

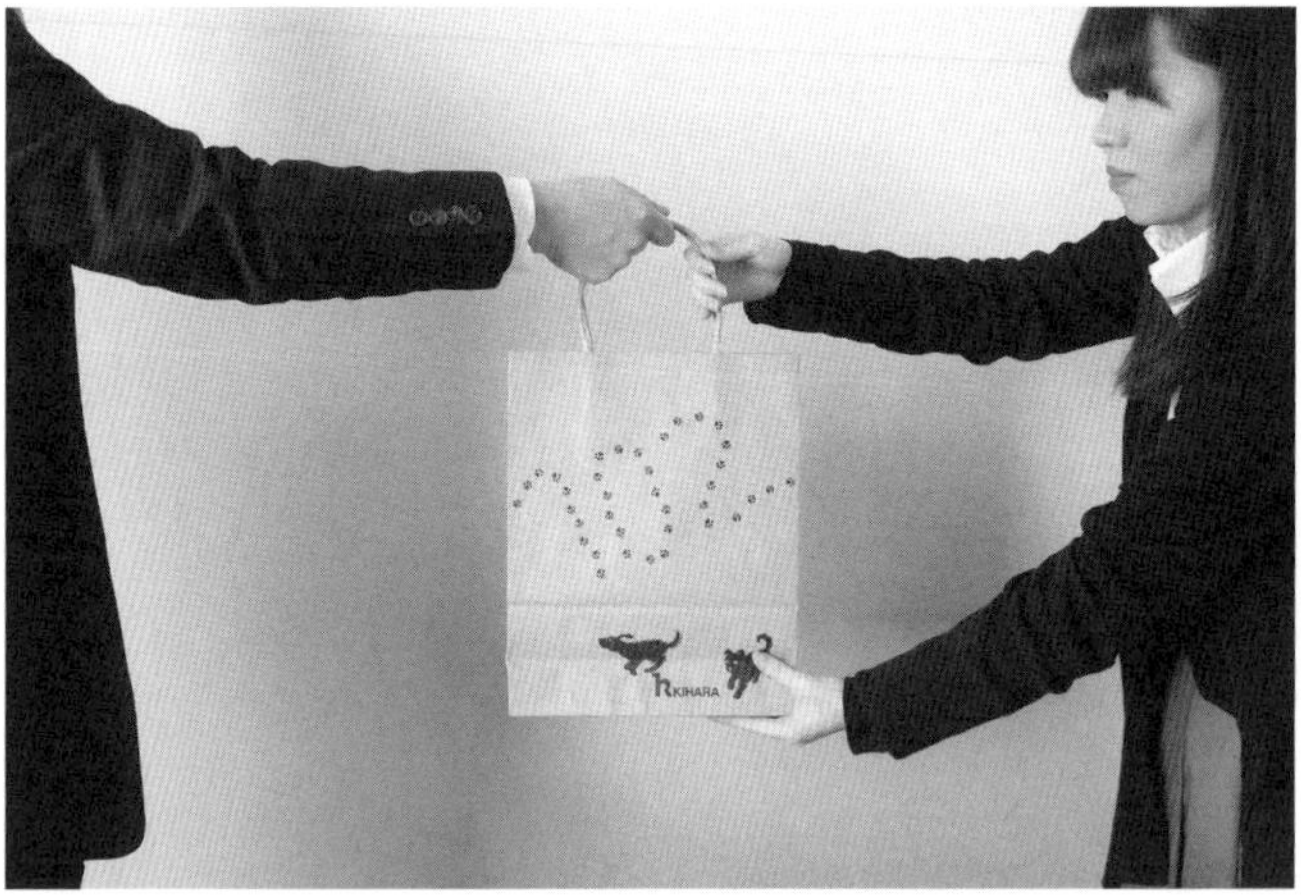

図36　受けC

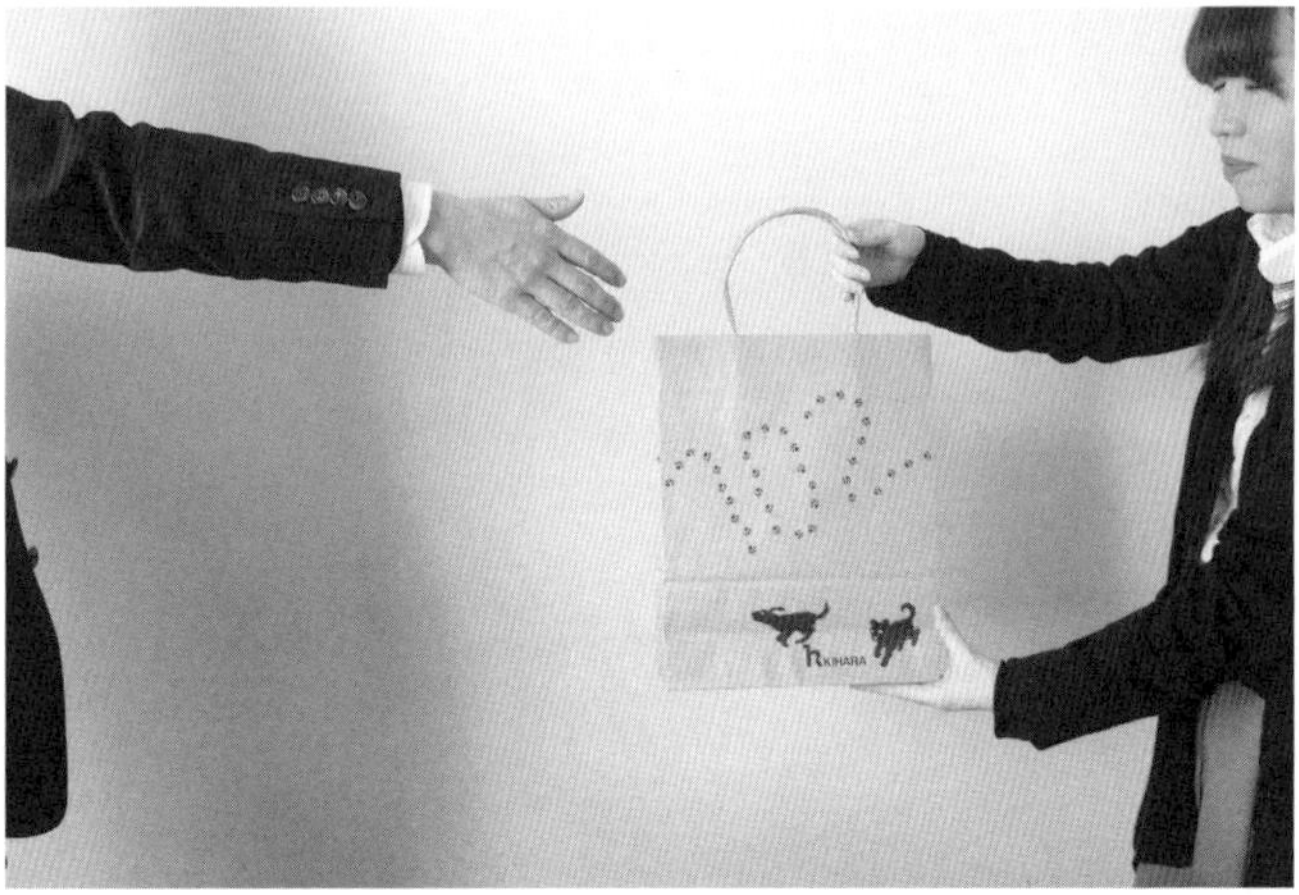

図37　受けD

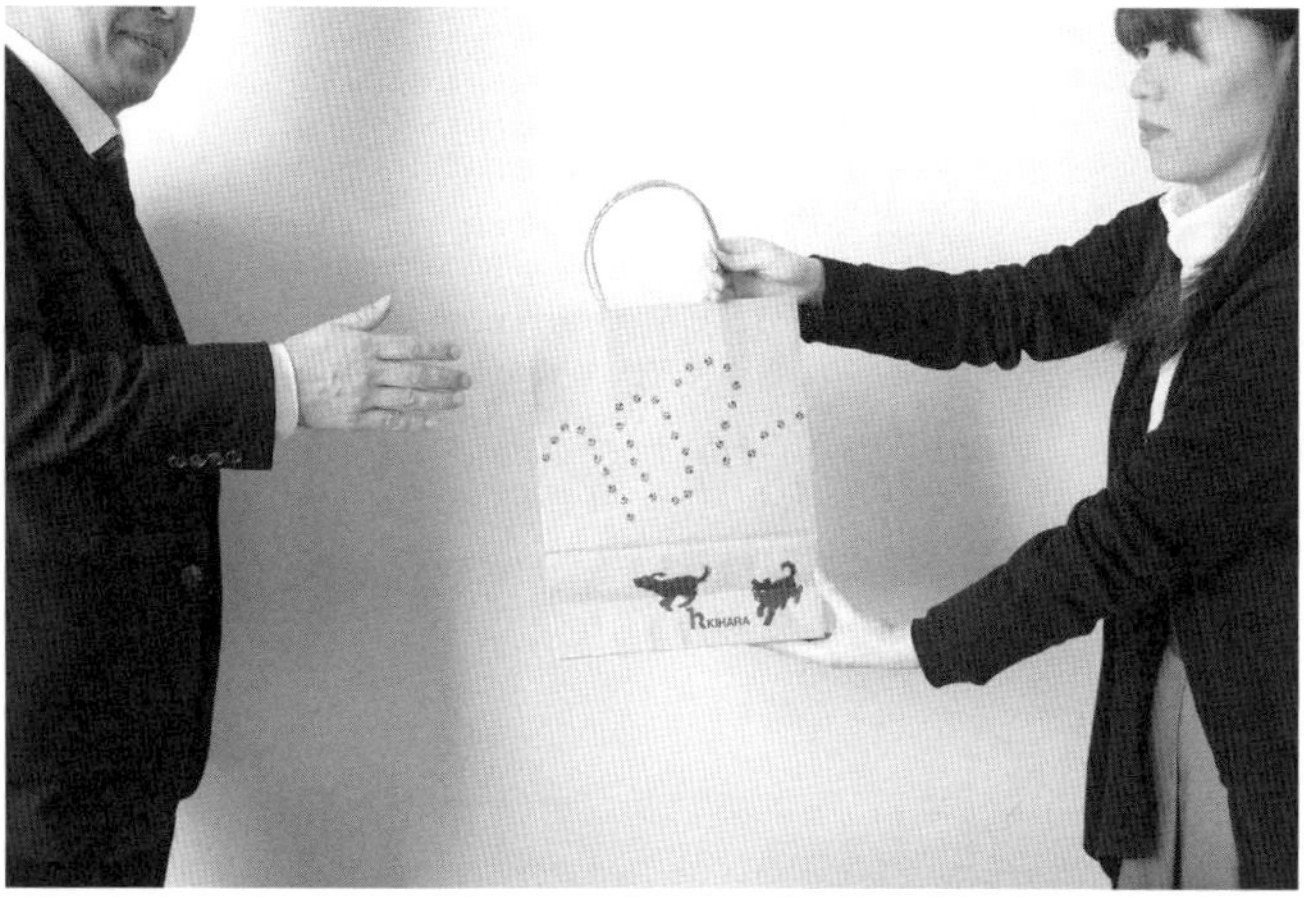

図38　渡しＡ

図39　渡しＢ

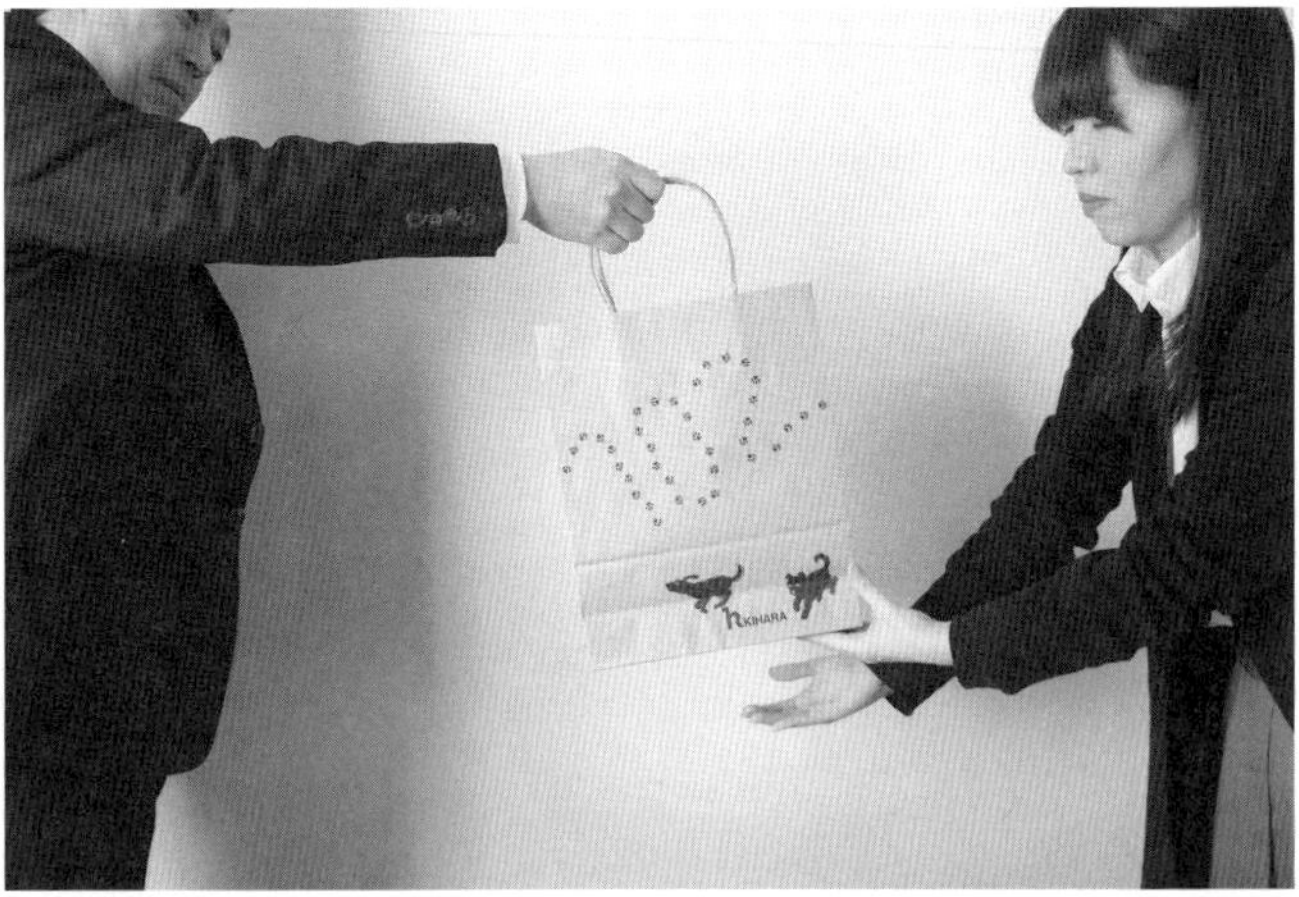

図40　渡しC

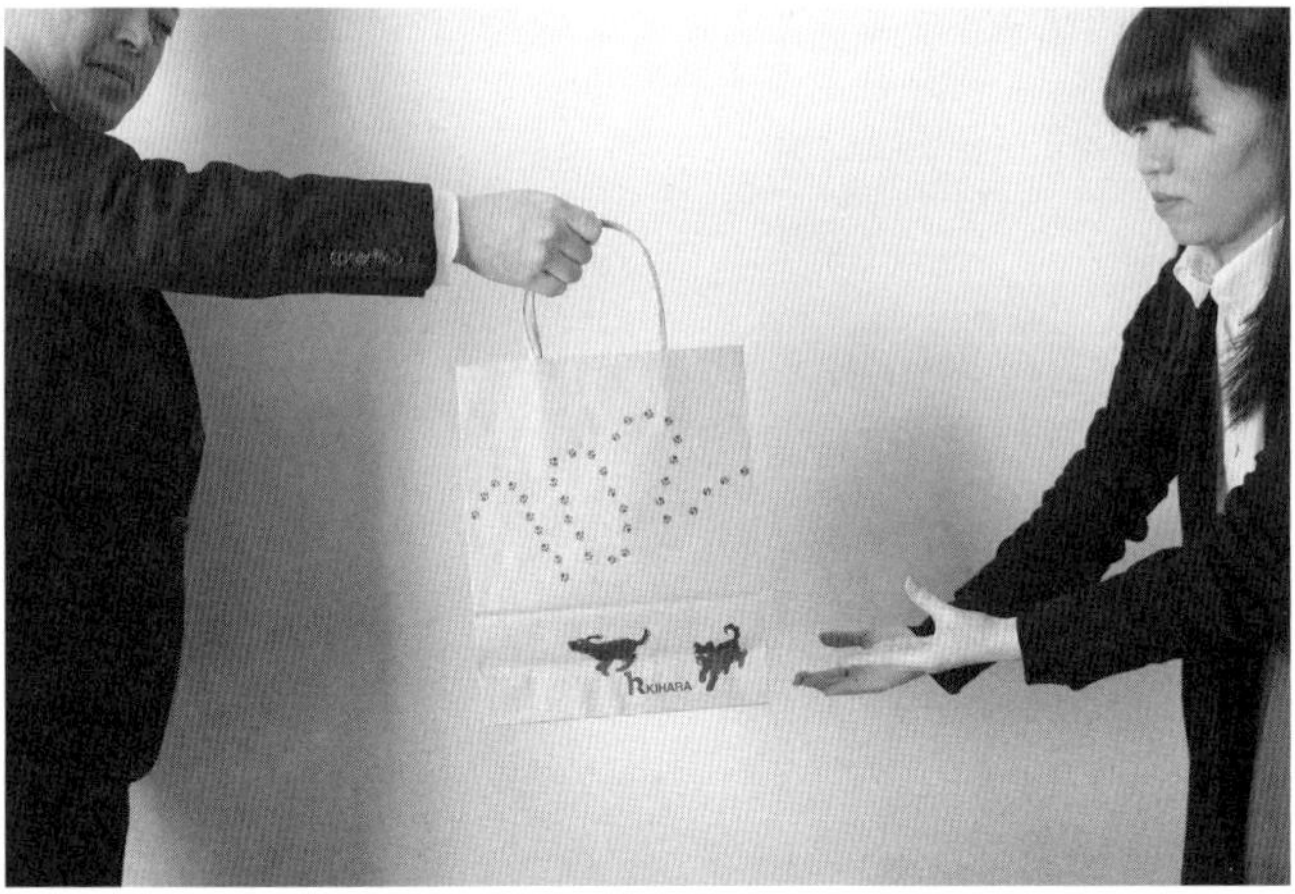

図41　渡しD

実用動作

みなさんの図書館では、一冊以上の本の受け渡しも多いはずです。十冊以上という場合もあるでしょう。そのときは、カウンターで一冊ずつ渡さず、表向きか裏向きに重ねて、真っすぐにゲスト側へ押し出す（スライドさせる）または横に置く、でしょうか。この場合、袋詰めはゲストに委ねるため、スタッフはその袋詰めの時間を待ちます。つまり秒の無駄となり、後ろのゲストもまたその空白の時間を共有します。これをケース①（互いに待つ場合）とします。次にケース②ですが、基本は①と同じですが、後ろのゲストを待たせない動きです。ただ、本を袋に入れる場合は、カウンターの高さや幅、スタッフの数によっても大きく異なり、さらにこまやかな接遇となるので、詳しくは実践のＯＪＴ（オンザジョブトレーニング）で説明します。ケース③は本をスライドさせな

図42　ケース①　本を手前で重ね→

本をスライド→

袋詰め待ち＋二番ゲストも待つ（前ページの続き）

い接遇重視の動きです。前述の「ポイント」で記したとおり、モノはすべて新生児のように扱います。やり方は一つとは言いきれないのですが、大まかな枠を伝えます。では、写真で説明しましょう。

・ケース①（互いに待つ場合）

本の数にもよりますが、ケース①は時間がかかり、待つゲストの満足度も低下します。スライドさせる意図もわかりますが、丁寧な印象を与えないはずです。また、スライドさせると摩擦で本の表面が劣化することにもつながります。

・ケース②（二番目のゲストをすぐに案内する場合）

本の数にもよりますが、最初のゲストを流すのでケース①よりは時間がかからず、待っていたゲストへの配慮もあります。ただし、本を新生児のようには扱っていません。

・ケース③（接遇重視）

本を丁寧に扱い、二組のゲストへの配慮もあります。つまり、ゲストのニーズを多く汲み取り、感謝の心を伝え、本の扱いの丁寧さをマナーで見せ、そこへ促しの業を加えています。ゲストの多くはAランク以上で満足します。その間の秒はいちばん早いことになります。

バルーンコントロール

筆者の接遇のなかで、スピードコントロールと同様に大切な業は、動き（アテンド）です。いままでの動きを

図43　ケース②　本を手前で重ね→

本を横にスライド→

横で袋詰めをするよう促して一礼→二番目のゲストを受け入れる（前ページの続き）

基盤として、主にスタッフとゲストの間、距離を意識します。通常、ゲストとの距離を無意識にとっている人も多いのです。筆者も新入社員のときには先輩から、ゲストへあいさつする際、またゲストとすれ違う際は、一度三メートル手前で立ち止まり、再び歩いて一・五メートル手前になったら笑顔であいさつする、ゲストよりも二、三歩先を歩くようにしなさい、と教えられ、その厳密な距離を意識していました。しかし、その意識は半年以内には感覚となり、一年後にはその距離は無意識になっていました。しかし、この距離はあくまでも目安であり、万人のゲストに共通して使えるものではありません。筆者もそのことに気づいたとき、しばらくの間ゲストとの絶対距離を意識的に研究していました。そこでたどり着いたのが、ホールやコラーニ、そして茶道や武道の道。異業種から学ぶことでした。

この三つの組み合わせから筆者が見いだしたものとはバルーン（風船）です。スタッフとゲストの間に割れやすい見えない風船のようなものがある、とイメージしてください。この風船はゲストとの関係性や感情によって、大きくなったり小さくなったりします。触れ方次第では、風船は圧を感じて歪みます。あるいは音

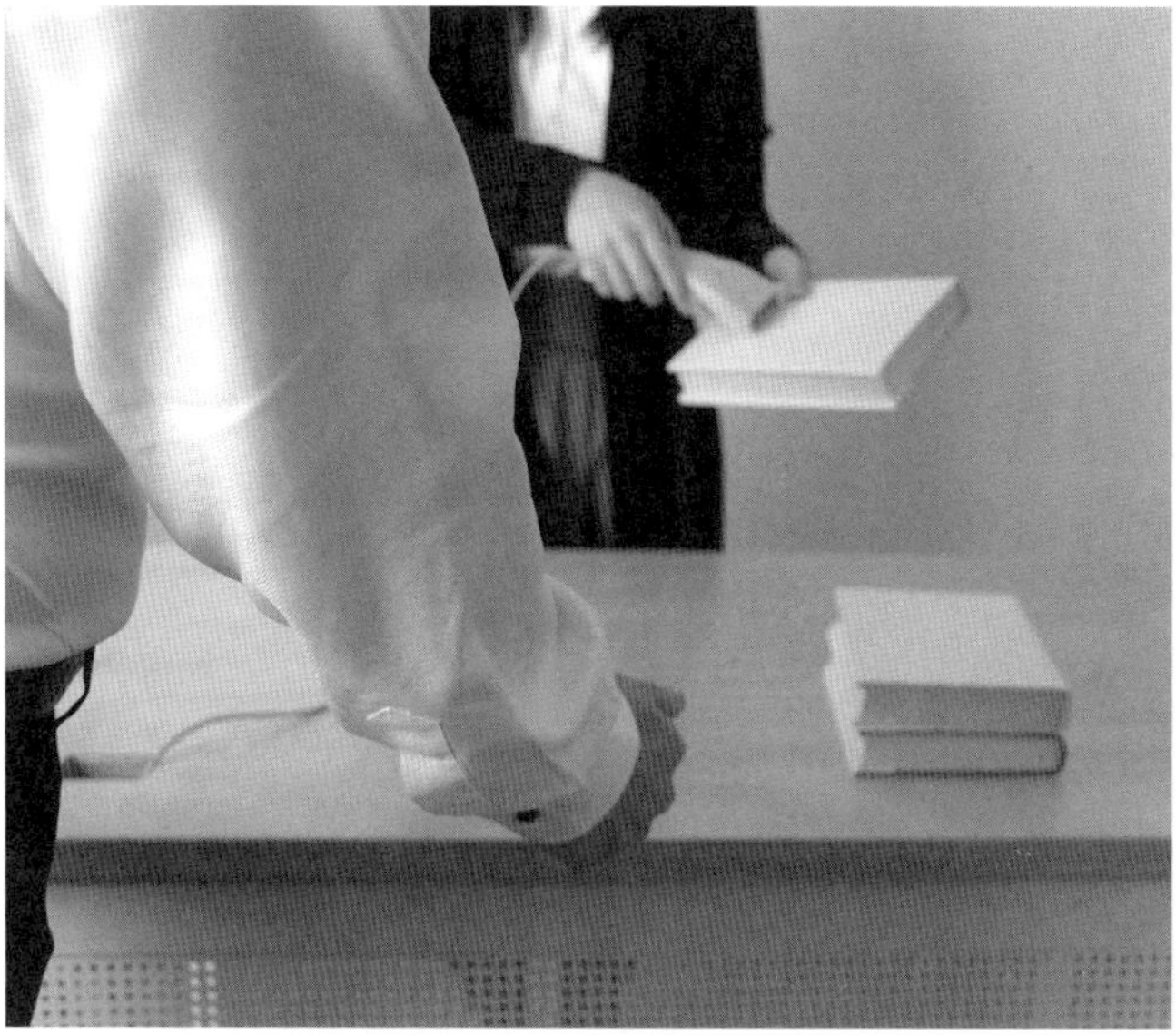

図44　ケース③　本を手前でチェック→確認ずみの本は1冊ずつ

横へ丁寧に重ねる。ゲストがしまうか待つ

袋詰めを促すと、ほぼ同時に二番の作業。ゲストへのひと声かけ
二番目のゲストに対応。二回目のあいさつなので印象がいい（前ページの続き）

を立てて割れます。割れた場合はその音によって、ゲストは驚き不信感を抱いてあとずさりします。快適性を感じた場合はなかの空気を抜いて風船を小さくして、ゲストはよりあなたに近づこうとします。

この風船（バルーン）は非常に繊細なモノで、スタッフのアプローチが荒かったり直線的すぎたりするとすぐに割れます。一般的には風船が小さいほど、ゲストとの関係性は深く、大きいほど、ゲストとの関係性はまだ浅いことを意味します。もちろん、ゲストによっては少し距離があるほうが快適さを感じる人もいます。一つの目安は、額の位置。対応中にゲストの額があなた側に傾けば（風船が小さくなれば）、ある種の好意と判断していいでしょう。そのほかにも爪先の角度、膝の向き、腕の位置、表情、目線などさまざまな判断基準がありますが、今回はまず額で練習をしてみましょう。

注意点が一つあります。この風船は、決してスタッフ側から大きくしたり小さくしたりしてはいけません。あくまでもゲストが作り出したパーソナルスペースの風船空間を尊重して、対極の、風船の点や面を押し引きしながらの接遇がポイントです。では、いくつかの例でこの風船（バルーン）を説明していきます。

4 応用篇

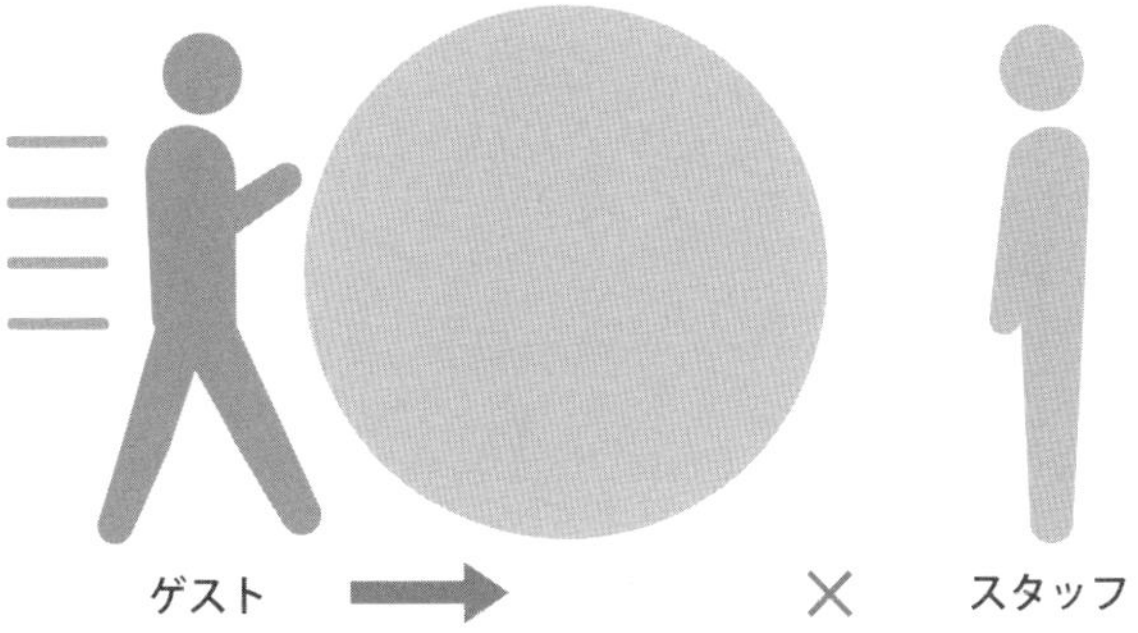

図45　バルーンコントロール１
スタッフとゲストの間には、見えない風船のような空間がある。その距離感は、ゲストの動きで判断する。

礼／ご案内（アテンド）1

図45では、左がゲストで右がスタッフです。ゲストがあなたに近づき、話しかけます。あなたはそのまま待ち構え、目が合って笑顔→適正距離になったら→言葉を発して→礼（この礼もさまざまですが、筆者は下げ一秒、上げ二秒を推奨します）、と基本どおりの動きをします。その際、マニュアルどおりと言いましょうか、型どおりに接客をすれば、ゲストには飽きのような感情が出てくる可能性が高くなります。そして、ゲストが近くにくるのを待つわけですから、その分、双方の秒が無駄にもなります。この場合は、スタッフは半歩でも前にいってゲストを出迎える姿勢を見せることも接遇です。ゲストに合わせたちょっとした動きこそがスタッフの接遇力を上げ、自然で快適な上質の空間を作り出すのです。

では、スタッフが先に動く場合を見てみましょう。例えば出迎えのシーン。あなたがレストランに出向き、ゆっくりと店内に進むと、店員が駆け寄ってきて元気のいいあいさつと礼。そのときあなたはいっ

図46　バルーンコントロール２
スタッフが頭を下げると風船に歪みが生じます。
歪みは対角に走り、空気を逃がします。
歪みは足に当たり、ゲストの動きは緩やかになり、時折、止まります。

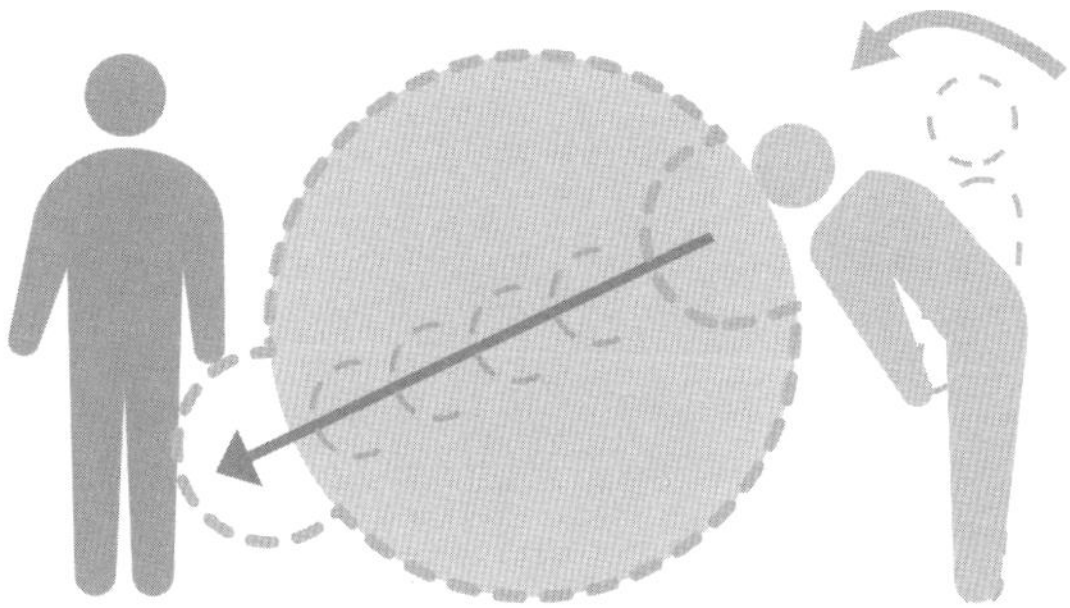

図47　止まらない
風船を頭で押さず、触れる程度。
ゲストの歩数手前で風船をキャッチするイメージ。
スタッフは風船を壊さず、頭（額）で風船に触れる感じ。

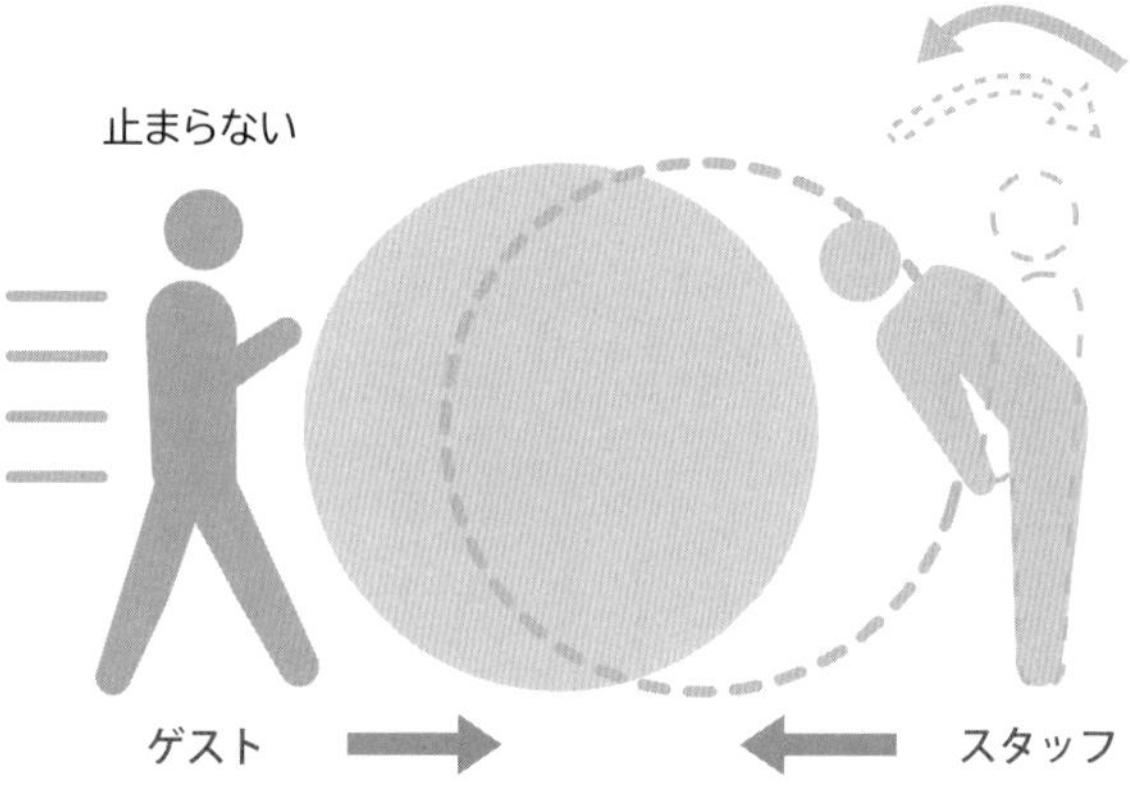

図48　止まらず流す
頭を下げた位置で、風船をキャッチしながら、距離を保ち、頭を上げて風船を落とさないように案内。
ゲストとスタッフで風船を挟みながら移動するイメージ。
＊背中を見せないで上半身の動きがポイント（次章を参照）

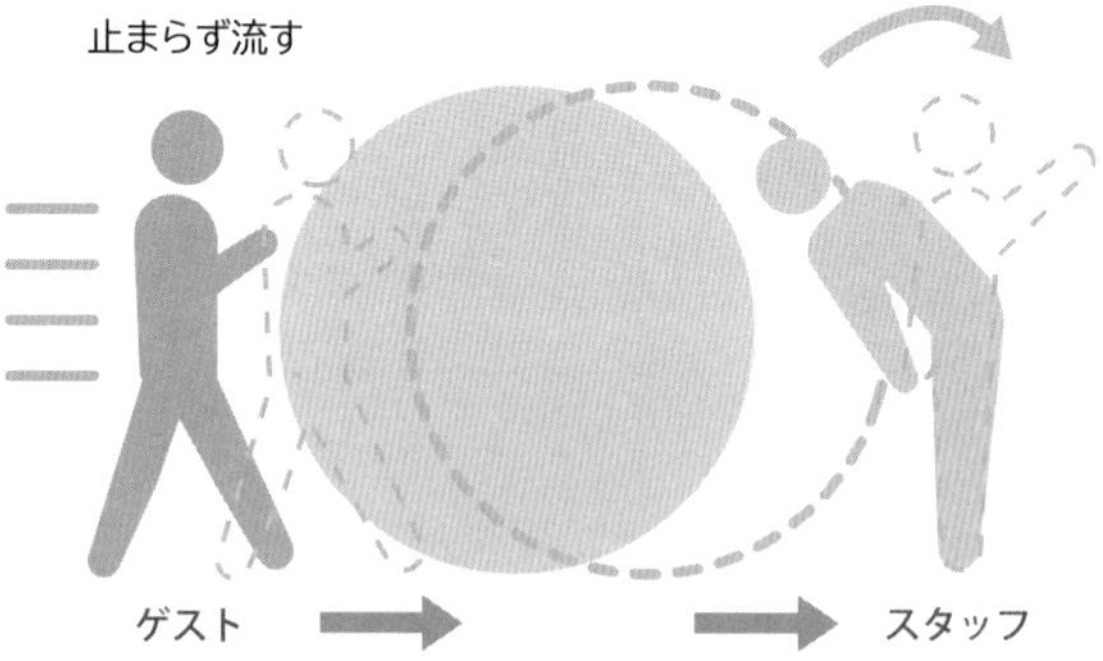

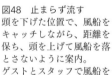

たん立ち止まったのではないでしょうか。別のシーンを想像してみてください。自宅から少し遠い温泉宿に旅行します。数時間かけて到着。荷物を片手に宿の玄関へ入ると、女将がスッと笑顔で近寄って「ようこそ」と声をかける。あなたは安堵感と同時にいったん動きを止めたのではないでしょうか。図書館ではどうでしょうか。ゲストが目の前にきたら、立って三〇度または四五度のおじぎをするのがルール（マナー）とされている場合。ゲストはあなたのあいさつが終わるまで、いったん動きを止めてはいませんか？

この三つのシーンに共通していること、それは、スタッフの動きでゲストの動きを止めているということです。もし、あなたの図書館の返却口で頻繁に列ができているのであれば、それは丁寧なあいさつが原因かもしれません。丁寧なあいさつや礼がいけないというのではなく、マニュアルどおりの丁寧さではない、よりスマートなあいさつや礼をしなければ、ゲストは流れず、いったん止まる、つまりその間に数秒のタイムロスが出てしまいます。これをコラーニの理論を参考にまとめてみると、礼をすればスタッフとゲストの間の風船がへこんで（地球への衝撃）、その波紋は曲線状に対角へと逃げます。その逃げた先には風船球体の逆の点があり、頭で風船をへこませた分だけ、その衝撃波紋は外へと出ます。礼のケースで言えば、その対角にはみ出た部分にあるのはゲストの爪先となります。つまり、礼でゲストの足の動きを止めていることになるのです。

では、どのようにすればゲストの動きを止めずにスムーズに、スマートに流れるような動きになるのか。それは、この風船を割らず、崩さず、歪ませず、スタッフとゲストとの間で風船を挟み続け、そうしてパーソナルスペースのような快適空間を保つことです。

スタッフの動きでもう一つのポイントが、案内するときの手／腕です。ゲストに対象物や進行方向を指し示す際、必ず手／腕を自分の前で交差させず（クロスせず）体を少し開くようにします。このときもまた、グーパーをして自分の手のひらを目で追うことが望ましいです。手／腕を自分の目の前でゲストに向かってクロスさせれば、目の前のもろい風船は割れます。

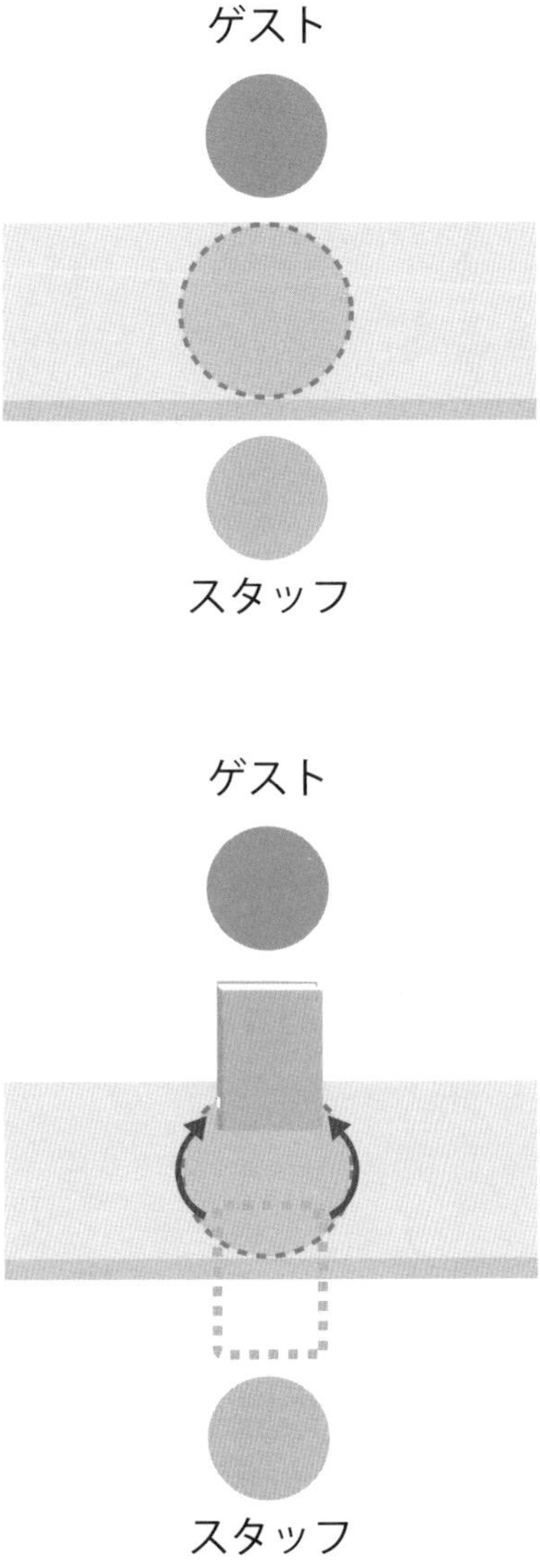

図49　カウンターでの本の受け渡し

例えば、あなたが、新幹線や飛行機で窓際に座ったとします。トイレにいくとき、通路側席の人に一言伝えて通路に出ようとする。相手が単に足を椅子側に引く。またはテーブルに置いていた弁当やパソコンを急いで自分の胸に抱えれば、あなたと相手との間で風船が押しつぶされているため、違和感があるはずです。それがもし、相手が足を通路側に九〇度曲げたり、一度立ち上がったりした場合は、前者よりも距離の違和感はないはずです。これもバルーンコントロールです。

ここで応用篇です。この風船は接客上すべてのシーンで生かされます。あいさつの次はカウンター業務に移ります。いま一度、本の受け渡しを思い出してください。四段階の渡し方を基本として、今度は風船も意識した本の角度です（図49）。

①笑顔であいさつ（発声）

カウンターにゲストが立ち寄ります。

②礼（頭を下げてから上げたときに風船をキャッチ）

ゲストとスタッフの間に窮屈さを感じたら、または額の位置が前後しているようであれば、スタッフが前後に動いて風船キャッチの微調整をかけます。

③受け渡し（基本四行程の徹底）

ここで新たに目前の風船を意識します。風船を割らないためには、風船の側面を意識して、ゲストが右利きならば風船の左側面から、そして風船の右側面を滑らせるように動かし、本の下にスタッフの右手を少し遅らせながら添えます（落下防止）。左利きならばその逆になります。右利きか左利きかは履歴を使用します。顧客であればそのゲストの特徴は覚えておき、スタッフ間でその履歴を共有します。そこまでする必要があるのかとよく問われますが、図書館はSERVICE業のなかでも地域性が強く、顧客（リピーター）も多いのです。大切なゲストという観点があれば、利き手を覚えることは難しくはないはずです。また、初めてのゲストで右利きか左利きかわからない場合には、最初は左側（右利き）に対応して、次回から修正してもかまいません。上級者は、さらに次の接遇もあります。自分の胸元よりも少し下で本を両手で持ちます。そして少しだけ真っすぐ前に出します（風船を軽く押します）。ゲストの利き手が反応する場合が多いので、その手に反応して左右をずらして風船を意識して本を渡します。

④お礼のあいさつ

SERVICE業では、出迎えよりも見送りが重要といわれています。終わりよければすべてよし、などとも言いますが、専門用語では見送りの失敗をコールドクロージングと呼びます。どんなにいい内容であっても、最後に冷たい対応をされると、はじめからの時間の過程はすべて壊れ、悪い思い出になるというものです。あなたがレストランにいってすばらしいSERVICEと料理を堪能しても、テーブルチェックを粗雑にされたらどうでしょうか。食事中にスタッフの多少のミスがあっても、見送りにきたシェフが料理の感想を聞いて、ミスの度合いによってシェフ特製の手土産でも渡されたら……。同じ内容であっても見送りのタイミングがよくなければ印象は寒く冷たいままで、ウォームクロージングにはなりません。また、最後の印象がよければウォームクロージングになります。

見送りにも風船があります。ただ少し違うのは、意識としてこの風船は最後にフワリと浮かび上がるのです。風船をそっと離すとゆっくり上昇します。ゲストとの受け渡しが終わり、引き礼をします。頭を前に傾ける分、一歩下がって、礼をします（軽く風船の圧で相手の背中を押す感覚）。これは通路でゲストとすれ違うときにも使用します。立ち止まり、その場で礼をすれば、頭を傾けた分だけ廊下が狭くなり、ゲストをそれだけ端へ追いやるのと同じことになるのです。礼が早すぎれば圧は早く強くなり、ゲストを急かすことにつながります。礼のあと頭を上げた瞬間、スタッフとゲストに挟まれていた風船は離され、フワリと上昇します。柔らかいイメージで風船を押し、風船を離すと、ウォームクロージングになります。

⑤履歴を残す

一度の接客で知り得たゲスト情報は、極力すべて社の履歴としてとどめ（難しければスタッフ個々の記憶にとどめ）、次の接客に生かしてください。図書館はSERVICE業であり、ゲストとの距離感は非常に重要です。距離感をほどよく保つためには、ゲストの情報が必要不可欠です。もちろん、個人情報が外部に漏れないよう厳重に保管することは当然ですが、館内での利用は上質な空間創作の武器となります。

おもてなしの履歴のところでも例として述べましたが、あなたにも経験はないでしょうか。理容店か美容室に通い、はじめは仕事や家庭の何げない会話、二回目は初回の続き、三回目になると初回の会話に戻ったり前回話した内容と同じだったりで、しまいにはうんざりする……。確かにスタッフ側は数多くのゲスト情報を頭にたたき込まなければなりません。反対にゲストはスタッフの一人としか接しないことが多いと思います。

しかし、これがSERVICE業なのです。美容関連の仕事であればスタッフ一人あたり一日最大で十数人のゲストに対応するでしょう。とはいえ、ゲスト対応の前に履歴ノートをさっと見ることは可能なはずです。一人のゲストにかかる時間は一時間前後、施術内容によっては二時間以上かかることもあります。つまりその分、会話は重要です。スタッフ側からすれば、二時間近く接するゲストの履歴は多角的に残せるはずです。誠実にゲストを思うほどに、その人への興味が高まり、風船も小さくなり、常顧客となる可能性は高まります。図書館も同じです。長い会話ではなくても、さりげない会話がゲストの心の琴線に触れることもあります。筆者が以前指導した産婦人科と総合病院の受付スタッフは、二百人以上のゲストの名前と症状、ときには家族構成や趣味嗜好まで頭に入っているので、ゲストが来院したら笑顔でそのゲストの名前を呼びます。ゲストは、たとえ口下手な人、会話を好まない人でも、一瞬、笑顔になるのです。医療もSERVICE業という観点で、彼女たちは日々ゲストと触れ合っています。あらためて、接遇力が高いスタッフがいる医療施設、美容関連施設にいきたいと思いませんか？　そのようなスタッフがいる図書館、いない図書館、あなたはゲストとしてどちらを選ぶでしょうか……。SERVICEは逆算、逆説です。簡単にいえば、あなたがゲストとして自分の施設を利用したとき、その施設をもう一度訪れたいか否か。もしいきたくなければ、どの接遇を高めればより多くのゲストが喜ぶのか、あなたの図書館をあなたの緻密な接遇の目で、SABCFの五段階で採点してみましょう。

バルーンコントロールでのアテンドは横や上からだけのものではありません。この風船は平面ではなく立体であることを忘れないでください。立体であれば風船の側面に沿って動かす手や腕の角度も重要になり、その次には脚・腰・腹・頭同士の間にある風船までも意識していくと、S級接遇により近づきます。つまり、慣れてきたらスタッフとゲスト間の風船の数を増やしていきます。ただし、じっくりと時間をかけて自然に動けるようになってからでなければ、マニュアル色が強いカクカクした動きになりかねないので注意しましょう。

図50　アテンド立ち位置（基本）

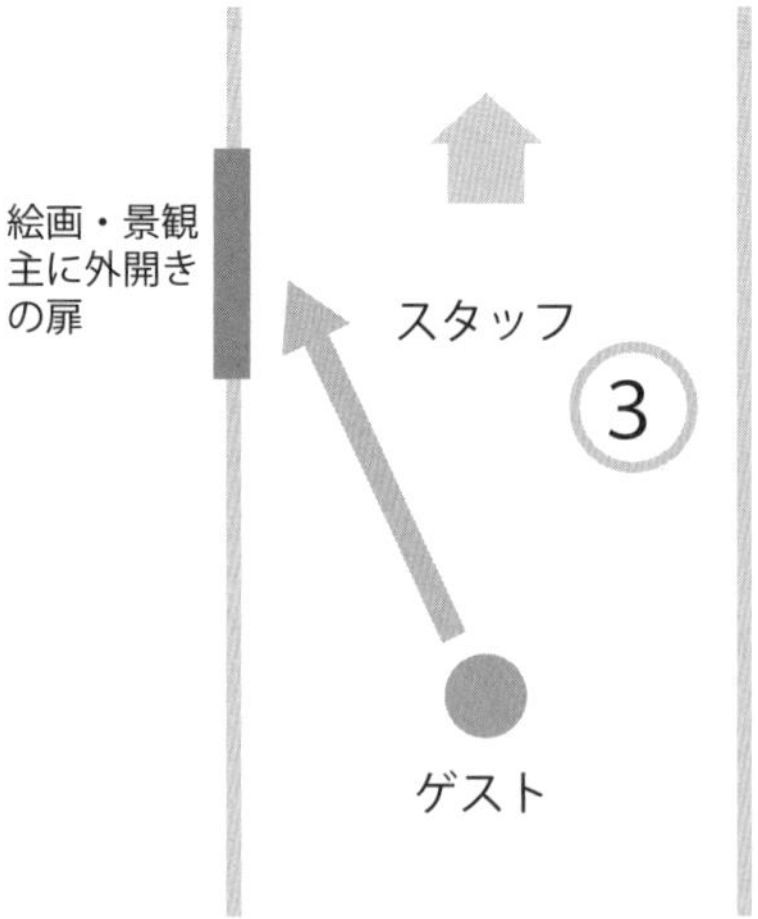

図51　アテンド立ち位置（応用）
→絵画・景観
主に外開きの扉

ご案内（アテンド）2

モノには必ず上位席があります。上位席があるということは、ゲストのランク（地位や人望）によってその対応を変化させるべきということです。一般的にＶＩＰ対応とも呼ばれますが、それは差別ではなく区別なのです。まずは施設の基礎対応レベルを定め、そのレベルよりも上位ゲストが来館したときには、ゲストに対する標準かそれ以上で対応します。それは、ゲストの日常か日常より少し上に合わせることとも言えます。ゲストがそこに非日常や快適性を感じれば、リピーターになります。

では、バルーンコントロールを交え、基礎から応用までを含んだ接遇アテンドを説明します。進行方向に向かって右側が上位席なのが基本です。理由は諸説ありますが、その昔、武士は左側に刀を差し、後ろに守るべき上位者がいました。敵が現れたとき、武士は上位者を守るために、上位者の前または前左側に立ちました。右側に立つと、自身の刀が上位者に向き、刀を抜いた瞬間に上位者を斬ってしまいます。したがって、上位者の位置は武士の右側後ろになります。現代の接客でも、この進行方向に向かって右側が上位、または対面正面にして向かって左上位の名残はあります。

ここで接遇的な考えを少し入れます。

建物の構造上、またはデザイン上、図50の「1」の位置、つまりゲスト（G）の左側に立ったとき、左側の壁に案内、絵画、景観、オススメする商品があると、ゲストを案内しているスタッフ「1」がゲストの見るべき、またはゲストに見せるべき景観の妨げになります（図51）。その場合は「3」の、ゲストから見て右斜め前に立つといいでしょう。もちろん、マナー上はおかしいのですが、現代で刀を持っているわけでもなく、そこにしかるべき意味があれば問題はないと考えます。ただし、「1」に立たなければいけない場合もあります。

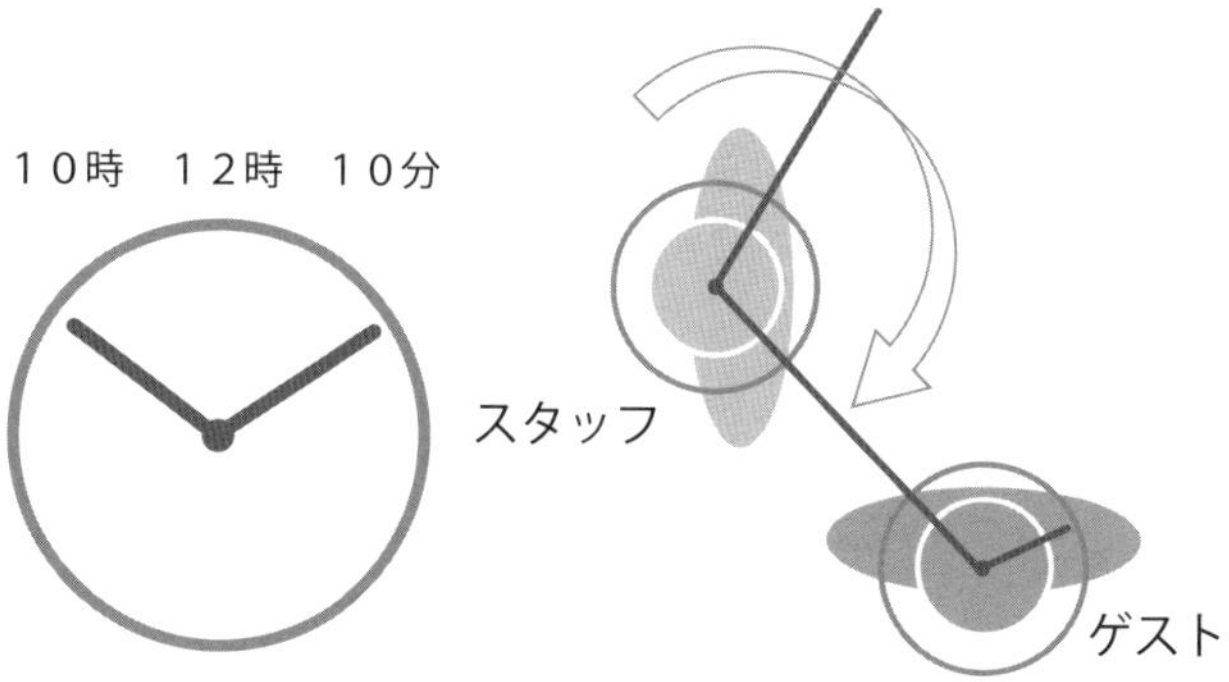

図52　10時 12時 10分

①扉（主に外向き）がある場合、子供やスタッフが飛び出してくる可能性があります（図51）。「3」に立てば、飛び出した人とゲストがぶつかる危険性が高まります。アテンドの基本はゲストの盾であることも意識しましょう。児童コーナーや「STAFF ONLY」の扉、非常用扉の前では特に注意が必要です。

②杖を持っている側に立つことはよくありません。それにあなたの足がかかることもあり、また杖でそのゲストを支えることも困難となるからです。

③ゲストがＶＩＰまたは相応のレベルであれば、①同様の配慮が必要です。国を代表する来賓であれば、プロトコール上、警備の観点からも「2」に立つこともあります。

　気をつけるべきは、ゲストに意味が伝わるようにアテンドをすることです。規則どおりにすることでゲストはマニュアル的に感じますので、自然にスマートに、意味ある接遇を推奨します。

次に例外的な、瞬時の対応としての動きです。接遇を意識しすぎるとギクシャクした動きになって、また本来すべき業務もおろそかになることがあります。例えば、ゲストを忘れて右か左かと立ち位置ばかり気にしていると、逆に「1」「3」に立ってしまうこともあります。目標は、スタッフもゲストも止まらず風のように流れるスマートな動きです。ゲストの動きで流れる風を生かして曲線で動くことです。その際、もう一つ接遇で意識してほしいのが、スタッフの背中の位置です。

アテンド中は、ゲストに背中を見せないで先導します。筆者は、ゲストに背中を見せることは失礼だ、と先輩から教えられ続けてきました。その理由としては、ゲストから目を離す、排他的なイメージを与えるから、これらのことは施設利用者、そしてお金を払っているゲストに失礼だ、と。ただし、VIP（プロトコール）に関しては、サービススタッフがゲストを見続けることは逆に失礼であり、真正面の「2」に護衛的に立つこともあります。しかし、通常業務では、背中を見せないアテンドを推奨します。

まずはスタッフの視野です。

通常、前を見ているときは時計の10時10分の位置とします。つまり、スタッフとゲストは、互いにその視界のなかに入った状態でアテンドをします。「1」に立てば左目側には進むべき方向が確認でき、右目側にはゲストの状況が確認できるので、スピードコントロールとバルーンコントロールが可能です。「3」ならば、左右逆先導のアテンドになるので左目側でゲスト、右目側で進む方向、となります。これは、得意不得意で決めるのではなく、景観や扉、危険防止で立ち位置が変わることは忘れないでください。意識をしすぎると、黒目だけがゲストを向いてしまうので注意が必要です。10時10分とすれば、中間の12時00分の位置を見つめると横目にはなりません。自然と左右が見えてきます。上手にアテンドをする人は、黒目は左右に動きません。首や肩（上半身の10時10分ひねり）で視野の調整をします。これは、アテンド以外でもSERVICE業では上位の接遇です。

10時10分のアテンド、背中を見せないアテンドの応用篇をいくつか紹介しておきます。まずは曲がり角で内側に立ってしまった場合、スタッフはその角で少し減速をしがちです。それでは、ゲストも少し減速をしてしまい、結果的にアテンドが遅くなります。また、そのままのスピードでいくと、ゲストは角でスタッフを避けぎみに大回りすることが多いです。スタッフが内側に立つと、角を曲がった際に死角から現れた別のゲストとぶつかる危

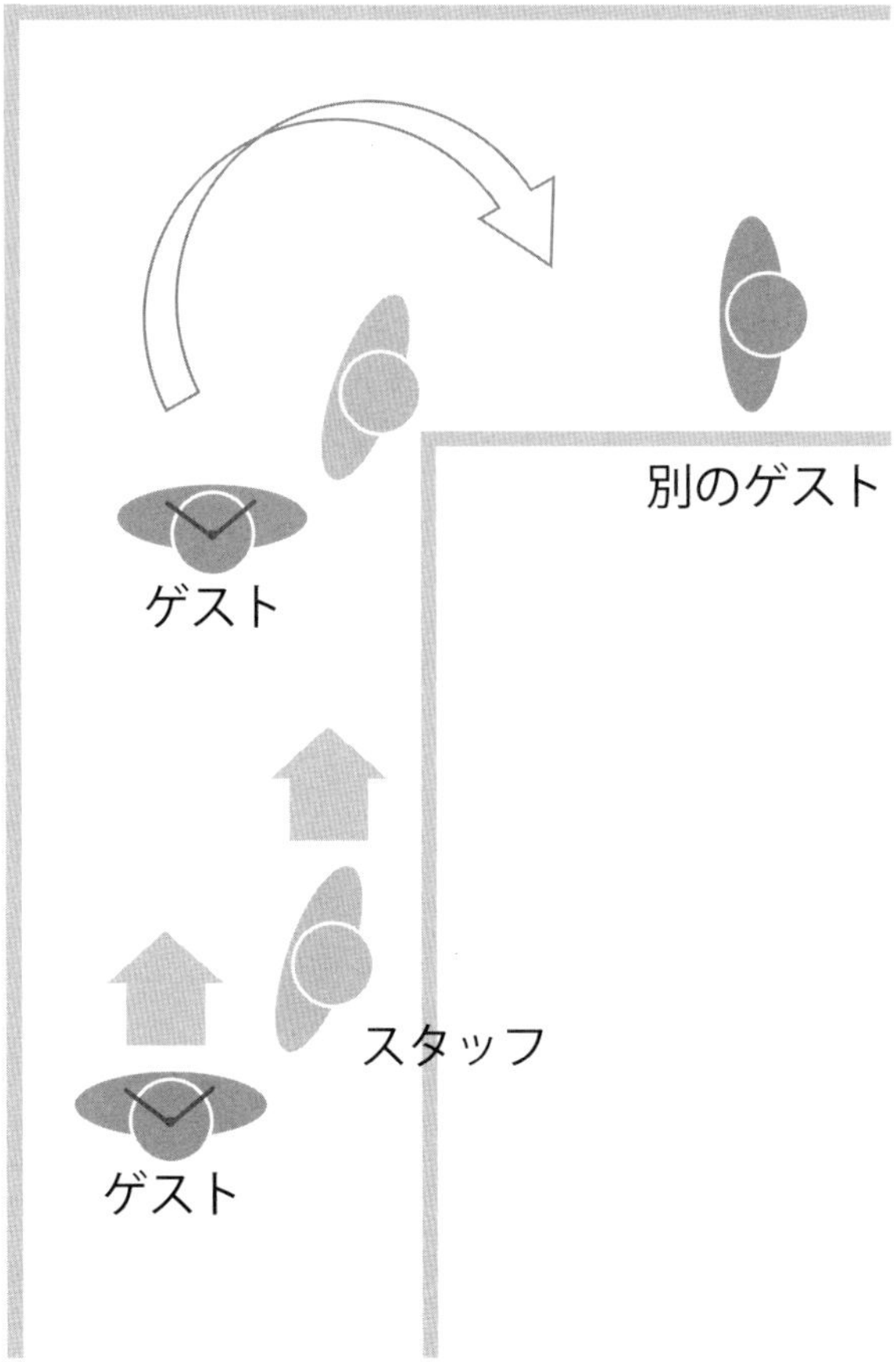

図53　止まらず流す
曲がり角が進行方向にある場合、「3」で進むと、ゲストはスタッフを避けぎみに少し大回りに角を曲がります。それはゲストに「わざわざ」させている秒の無駄遣いでもあります。

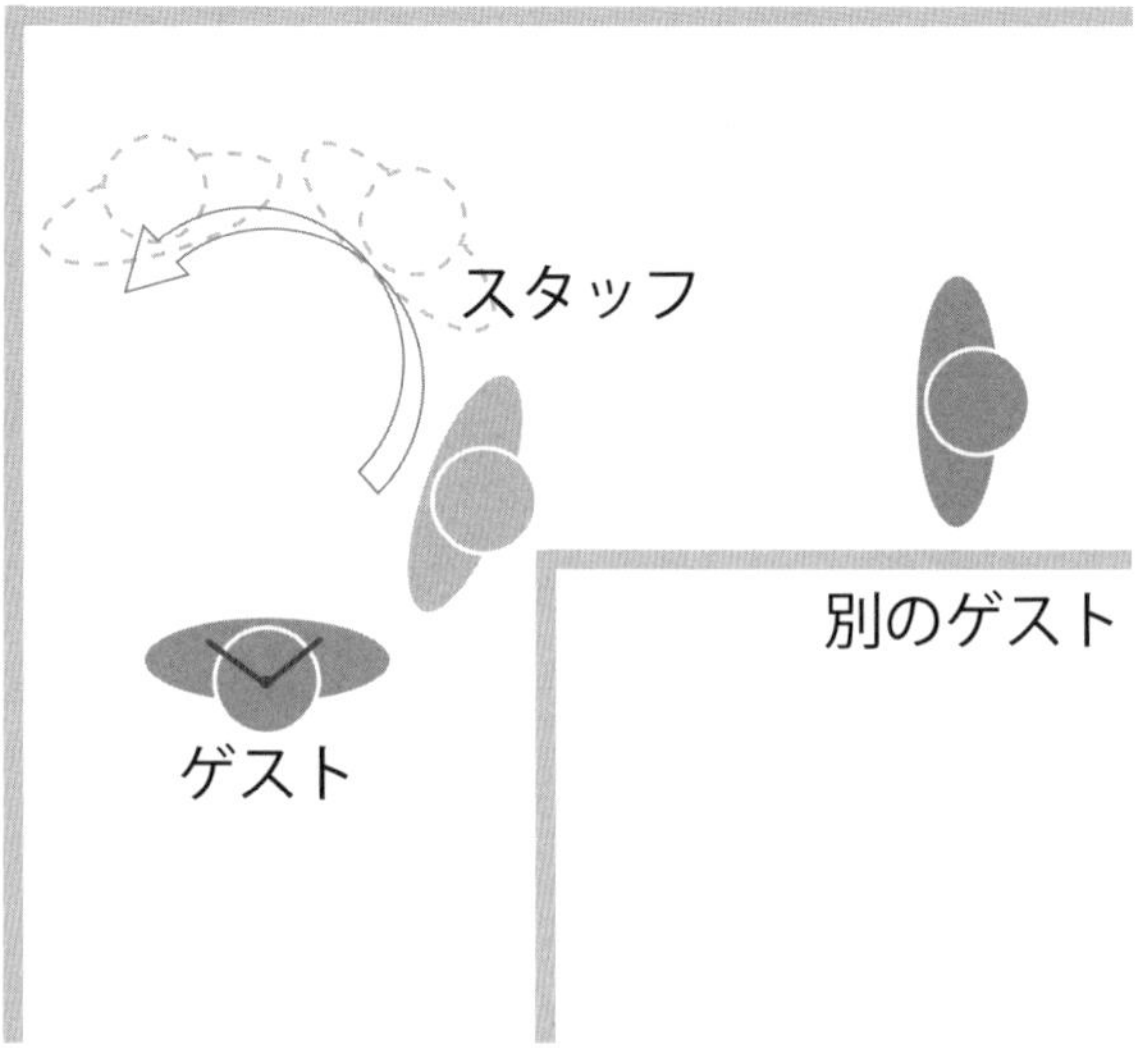

図54　止まらず流す
ゲストに背中を見せず、回転する。回転は踊りのようにではなく、アテンドと同じスピードで足を交差させないで少ない歩数でおこなうとスマートです。ゲストには最短・最適・最高の状態でアテンドをするのが接遇の極意です。

険性もあります。

安全にスマートにアテンドをするには、背中を見せずに、そして風船を壊さないようにスタッフがゲスト側を向きながら回転します。回転によって角の先のゲストへの気づきも早まり、衝突も防げます。これは廊下の角だけではなく、本棚やトイレへの案内、エレベーターに同乗する場合、車の見送りほか、あらゆるシーンで使える接遇です。

この背中を見せないアテンド（回転式）では、目線やグーパーも同時におこないます。さらに上質にするには、笑顔、言葉遣い、会話の有無、声の音質、トーン、ほかの図書館利用者への配慮、そして案内したゲストの情報収集も重要です。スピードや空間の接遇だけでも、これだけのことを同時におこなえるか、しかもそれを自然にあなたの図書館に合わせてみせることができるか。SERVICE業とは、想像以上に複雑で奥深いものなのです。

角の死角の話をしましたが、最近では工事現場の角も、三角コーナーとして透明のアクリル板にしているところが多く、事前に角先の人が見え、気づくようになっていて、衝突防止になっています。みなさんの図書館では角への配慮もしているでしょうか。いまから工事をする必要はありません。接遇の空間管理の対処法として、二つほどヒントをお教えします。

①室内用の植物を置く（図55）

主にアテンドをしないときに生かされます。本の近くに水物を置くのは推奨できませんが、最近では高品位の造花もあります。なかには空気清浄兼用の造花もあります。それ以外にも、曲線的な案内板でもいいです。みな

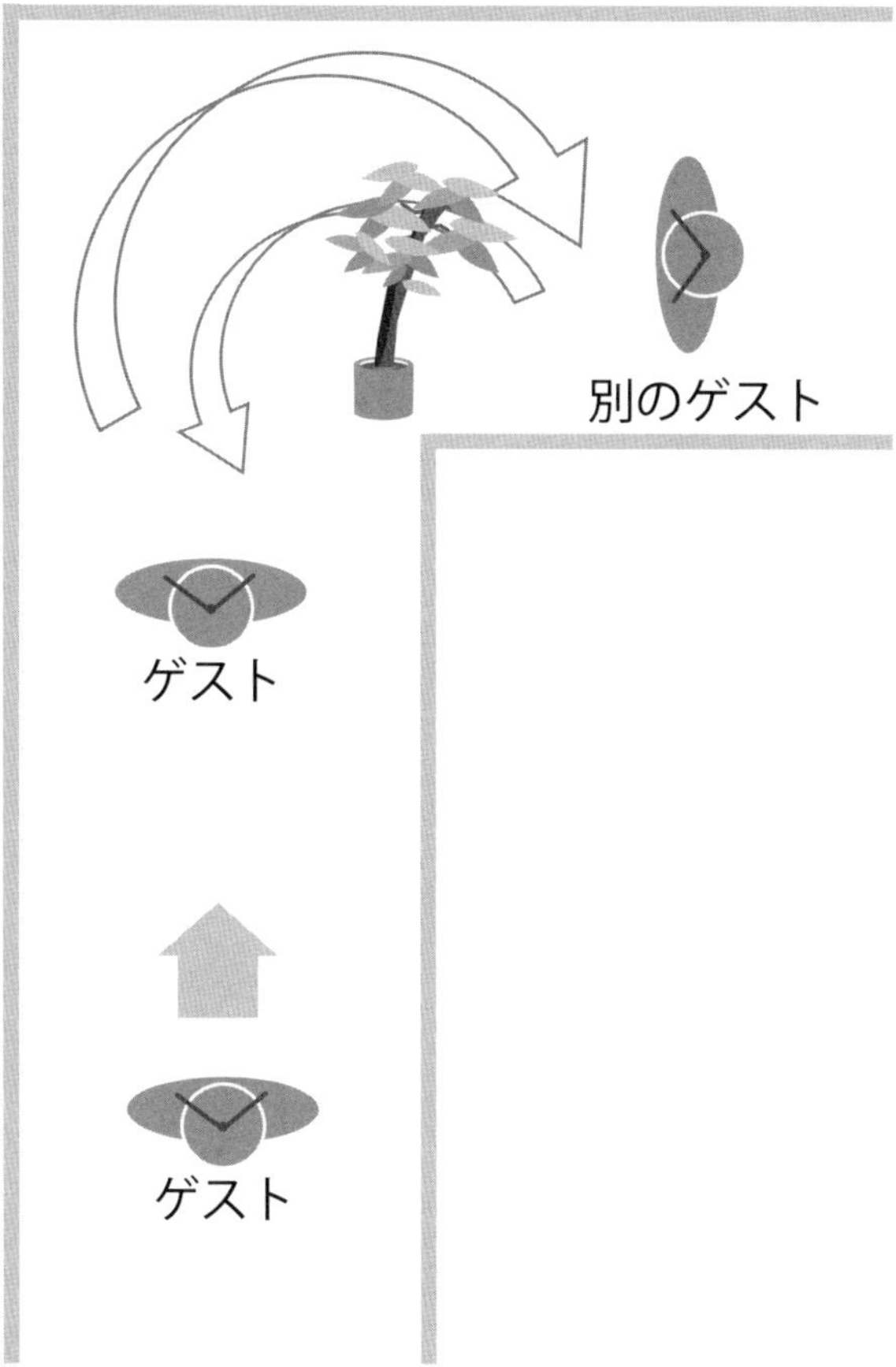

図55　コーナーのポイント
角に植物を置き、双方の進行方向から見えるようにします。ゲストはその植物を避けていくので、ゲスト同士の衝突を互いに防ぐことが可能です。ポイントは壁から少し離して置くと、壁の汚れや破損も防げ、光加減も生かせます。

さんの図書館のコンセプトに合うものを選んでください。

②棚の工夫（図56）

植物やものを置かない場合は、ちょっとした配慮として棚の角には低めの本を置くのもいいでしょう。棚の隙間やアクリルで向こうが透けて見えます。棚に隙間がない場合は、棚を交互にずらしたり、曲線重視のブックパンケーキを使用したりするのもいいでしょう。その際は、くれぐれも高さには十分な配慮が必要です。低めのソファーを置いている図書館もありますが、座って読んだり、双方の動線からきちんと足元が見えたり、ゲストやスタッフが互いに気づきやすく館内のデザインとマッチした色彩であればなおいいでしょう。本に集中して足がぶつかる可能性が高い場合は、気をつけましょう。

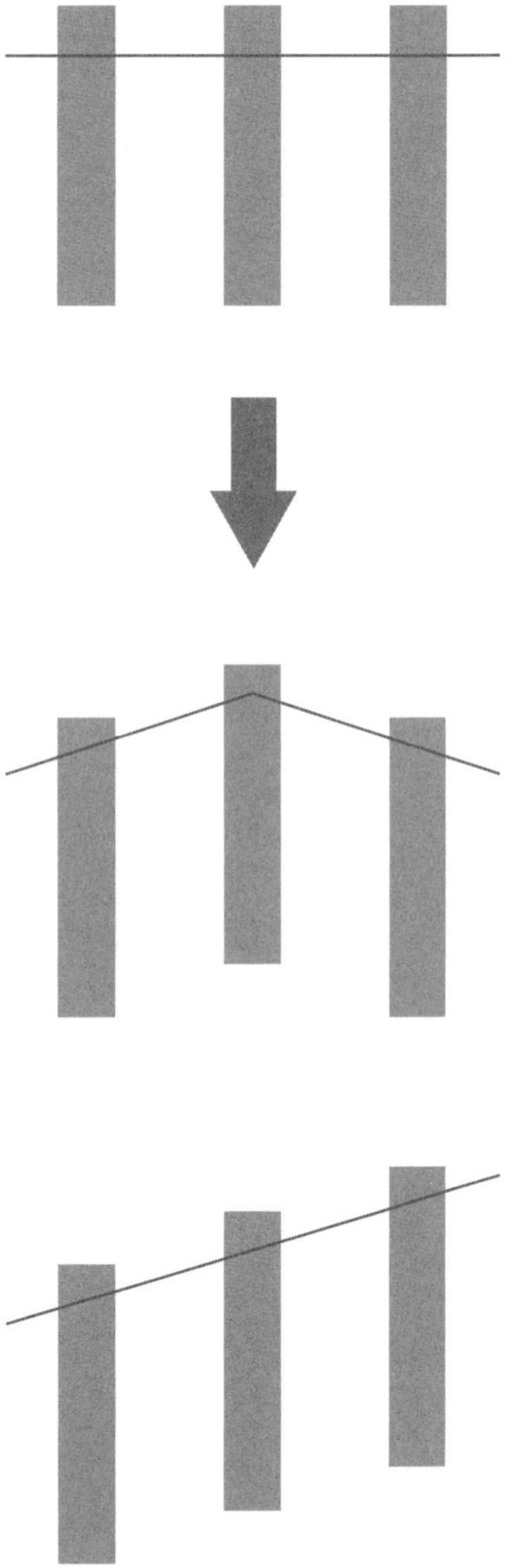

図56　棚のレイアウト

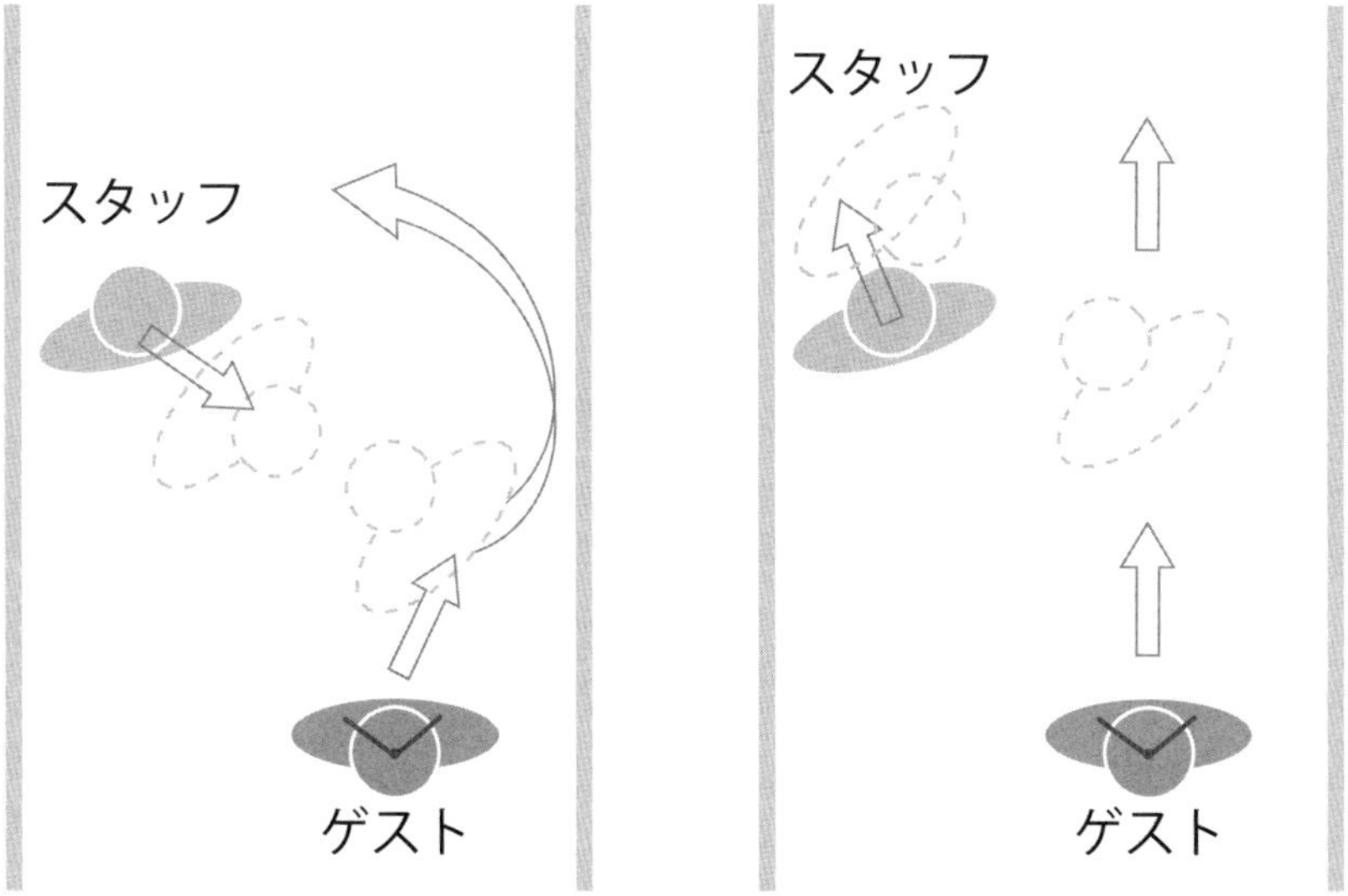

図57　引き礼
ゲストの手前で立ち止まった場合

礼をする分だけ後ろに下がる

案内（アテンド）3

三つめはアテンドの応用篇です。背中を見せない、ゲストを見続ける、バルーンコントロール、この三つを軸に、実践でよくあるのがゲストとのすれ違い、カウンターの出入り、椅子に座っているゲストへのアプローチ、子供へのアプローチです。

①引き礼

まずは、すれ違い礼です。廊下で礼をすることは上半身の下げ、頭の下げと同じです。

これは、上から見れば廊下でのゲストとの距離を下げた分だけ風船で圧迫していることになります。すれ違いの距離では、ゲストのおよそ数メートル手前で立ち止まり、声を発して（あいさつ）、ゲストが通り過ぎるまで礼（頭を下げた状態）を続けるのがマナーとして多く紹介されています。その距離感はおおよその目安ではあるのですが、では、ふくよかな人、背の高い人、肩幅が広い人……そういった人々との距離は体のどこで合わせればいいのでしょうか。筆者もいままで教えてもらった先輩や講師からの説明では、その点が明確だったものはなく、おおよその距離でしかなかったのです。バルーンコントロールの理論では点と点なので、頭と頭、おなかとおなか、肩・腕、手のひら・腰・足、爪先と十以上の風船が存在します。ただこの複数の風船を同時にキャッチするのは難しいので、慣れるまでは一つの風船とします。風船が一つであれば、ゲストが風船と接するのは一点、スタッフが風船に接するのも一点です。そこで、廊下ですれ違う場合、スタッフが頭を下げるなら、その頭を下げる分だけ自分が後ろに引きます。上から見れば、ゲスト側への風船のはみ出しはゼロとなります。通路が狭い場合は、礼の角度を小さくしてその分だけ少し下がることで調整します。これを引き礼と呼ぶことにします（図57）。

引き礼をすれば、ゲストはスタッフが頭を下げた分だけ横にそれる（避ける）ことなく、体勢やスピードを変えずにそのまま真っすぐに進めます。ぴったりとスピードコントロール（ゲストのスピードに対してのカウンタースピード）やタイミング（バルーンコントロール）が合えば、高確率でゲストからお礼のアクション（会釈・言葉・動作）が出ます。また、礼のスピードも、ゲストに無駄な風圧がかからないように柔らかくするとなおいいです。その柔らかい風は、図書館に流れる独特のゆったりとした風のスピードと一致します。つまり、スタッフのスピードと距離感がコントロールできれば、ゲストは快適な、足して「10」のスピードで図書館での時間を過ごせます。

引き礼はさまざまなシーンでも応用できます。エレベーター、エスカレーター、自動ドア、扉……その接遇も基本は引き礼とバルーンコントロールですが、詳しくはキハラ主催の実践型接遇研修に問い合わせてください。

②裏動線（出入り）

次は、カウンターからの出入りです。

その昔は、高級志向のホテル、航空関係、最近はスーパーやデパート、医療業界、役所をはじめ、SERVICE業のいたるところで裏動線のスタッフエリアに入る場合、ゲストに背中を見せずに後ろ歩きが義務づけられているところが多くなりました。その理由はいくつかあります。

・礼と笑顔でゲストに感謝を示す
・失礼するという意味合いでの礼

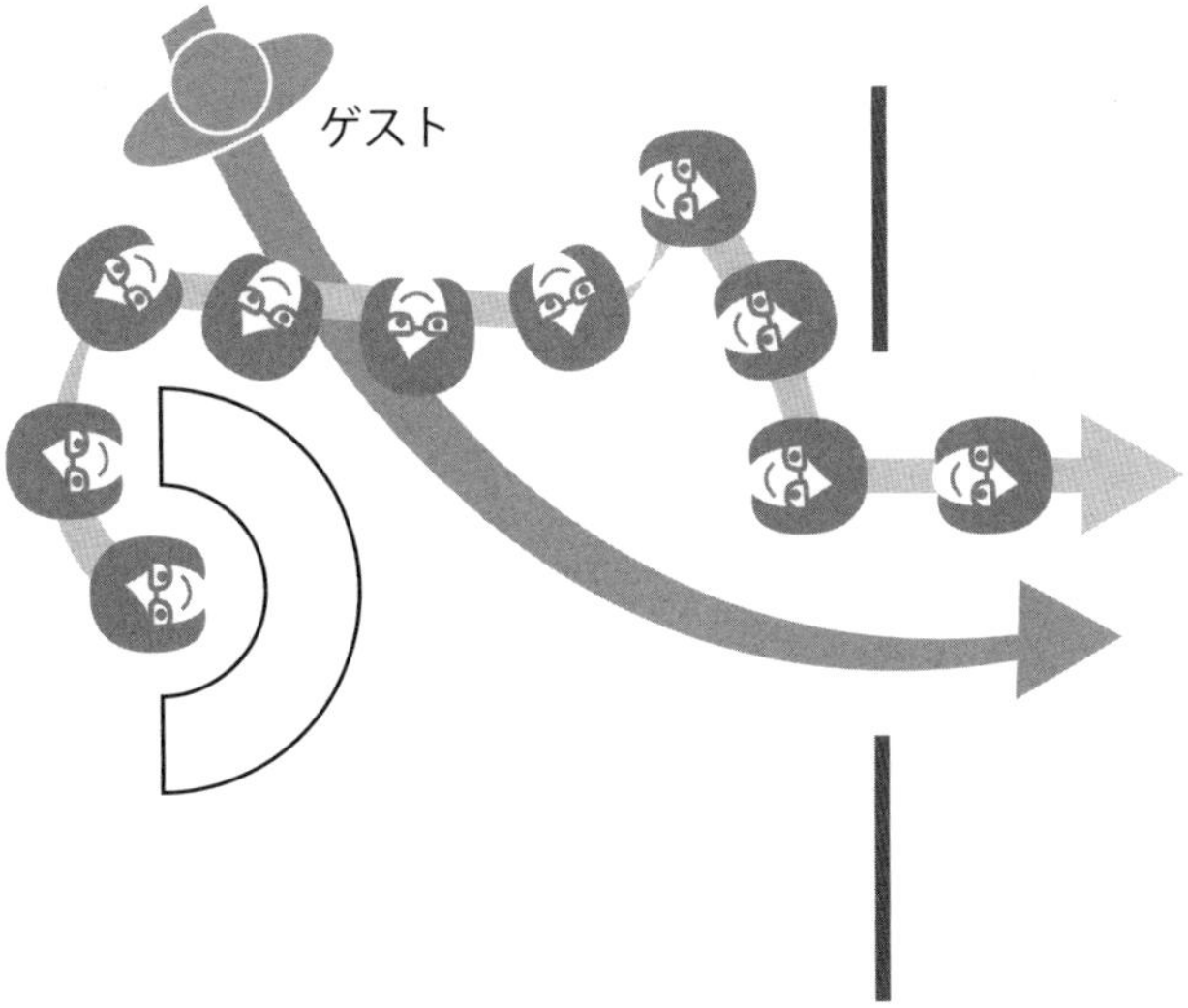

図58　背中を見せないアテンドＡ
後ろに下がる場合、極力ゲストに背中を見せない

・関わったゲストだけではなく、ゲスト全般から声がかからないかの確認
・ゲストに背中を見せないという礼儀

だいたいこの四つの理由が多いはずです。筆者はこのなかでも三番目を接遇として強く推奨します。ゲストがスタッフに何かたずねたとき、スタッフは確認や調べもののためにいったん裏に入ります。ところが、ゲストが聞き忘れたことがあるのでもう一度そのスタッフを呼び戻したかったり、調べものにどのくらい時間がかかるか知りたがったりする場合があります。その際、スタッフがほんの一秒、ゲストの表情を確認できていたら、二度手間が省けるかもしれないし、追加の質問と合わせて同時に準備ができたかもしれません。いずれにせよ、ゲストの要望に事前に気づけば、ゲストの「アッ！」と思う気持ちをなくし、快適な時間になることは間違いないでしょう。この礼は、笑顔と立ち居振る舞いによる「ほか

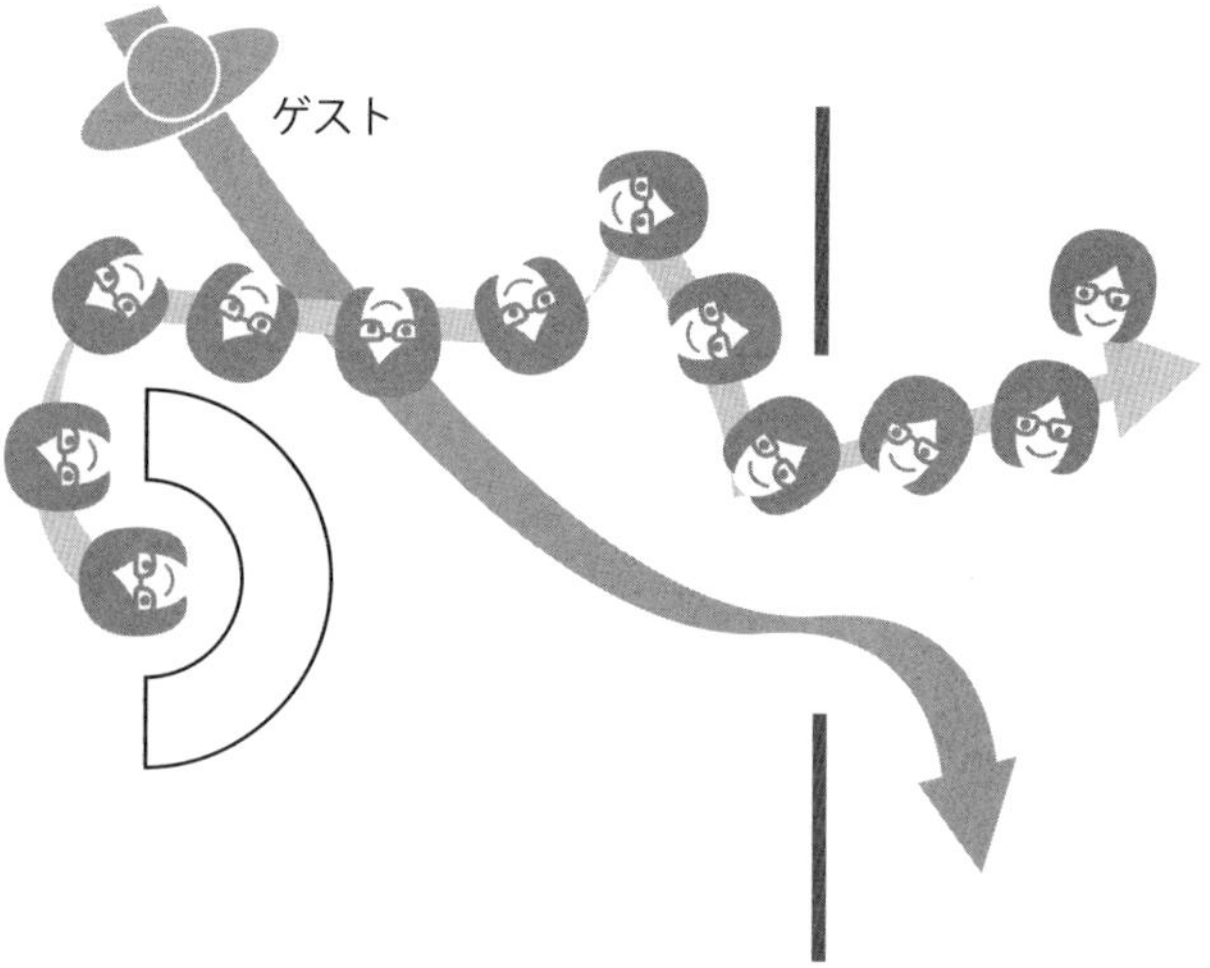

図59　背中を見せないアテンドB
ゲストを外にアテンドするときも、誘導するときも、ゲスト側に回転して背中を見せない

に何かございませんか？」より丁寧なアクションなのです。また、ゲストと接点がなくて下がる場合も、笑顔と礼は必要です。SEVICE業の現場で有名な貼り紙といえば、「ここから先は舞台、あなたのステージです」。舞台に立ったとき、役者は演技を終えた際は客席に向かって感謝の礼をします。たとえ演じるシーンがなくても、舞台に上がった以上はゲストに礼をして、カーテンコールのように自分の演技に対するゲストの反応を見るべきなのです。

演じるということは、SERVICE業の初歩的なトレーニングとしては重要なことです。自我を抑制して、ゲストの前では、自分の舞台である図書館でゲストが最高に喜ぶ演技をしなければなりません。表に出れば、照明がついて、カメラが回り、カチンコが鳴ります。アドリブの演技をするのです。慣れてきて、演技を極力自然に見せることができれば、実力派俳優・女優の仲間入りです。そしてさらには、演技か自然体なのかわからない状態を目指します。つまり、表裏がない状態を目指すのです。これは強制ではありませんが、筆者がSERVICE業デビュー当時によく先輩から「家を出たところからが舞台。つまり、家を出て出勤中も退勤中も気を張れ」と教えられました。ホテルでゲストが夢のような時間を過ごし、預けた荷物を受け取って駅に向かう。その途中、滞在中に丁寧に案内をしてくれた思い出のコンシェルジュと遭遇する。その際、コンシェルジュが短パンをはいていたら……くわえタバコをしながらスマートフォンを操作していたら……音を立てながらガムを噛んでいたら……ホテルの夢のようないい思い出の時間は一瞬で壊れてしまいます。みなさんも慣れてきたら、常にゲストに背中を見せない意識で、舞台の幅を広くしていきましょう。

③椅子へのアプローチ（図60）

座っているゲストにアプローチする場合、注意すべきは以下の三点です。

・向き（角度）
・高さ（目線）
・風船（距離）

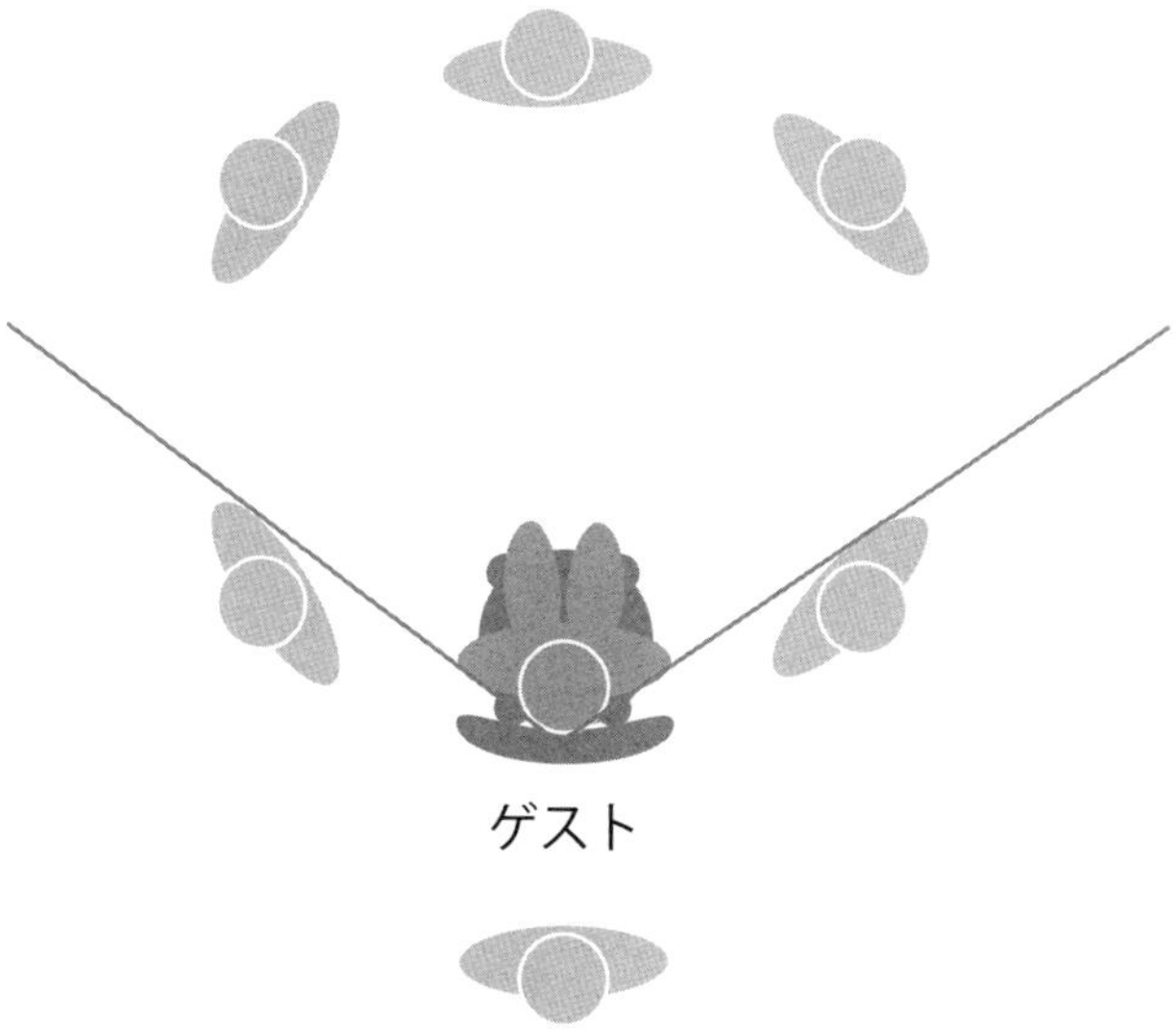

図60　座っているゲストへのアプローチ

角度で重要なのは、ゲストに気づいてもらうことです。スタッフが話しかけるとき、ゲストをびっくりさせない距離感と、いかにゲストの首を動かさせないで案内や会話ができるかです。ゲストが本を読んでいれば、10時10分の視界に入り込み、一礼をして（引き礼ではありません）、スタッフの頭で軽く風船を押します。ゲストとの距離感が適切であれば、ゲストはスタッフに気づいて自然体の頭の位置になります。ゲストの額が前後しない位置まで距離を詰めて、本や資料をゲストに届けます。反対に、ゲストの横や後ろ（死角）から話しかけたり、モ

図61　ゲストの目線にものを合わせる重要性

ノの受け渡しをおこなったりすると、多くのゲストがスタッフ側と逆に頭や上半身を傾けたりします。これは思わぬ角度から、予想以上のスピードで風船圧がかかった状態です。例えばレストランやカフェで、スタッフがあなたの注文したコーヒーをトレーに載せて持ってくる。その際、トレーがあなたの耳をかするくらいのギリギリ距離で通り過ぎたら、あなたはびっくりして大きく避けるか、逆側に頭と上半身を傾けるでしょう。SERVISE が上手なスタッフは、そのトレーをゲストの側面に沿って曲線で後ろに回しながら距離感を保って、ゲストの正面10時10分に入ります。図書館でも、ゲストに本や資料を渡すときに、トレーと同じ距離感であれば違和感はありません。ゲストにわざわざ何かをさせることをなくす、ゲストの人生の秒を大切にする、つまりその施設空間の快適性を体感してもらう、これが接遇の考え方の一つでもあります。

次に、ゲストが座っていてスタッフが立っている状況でのモノの受け渡しですが、筆者の接遇では、スタッフが座ってゲストの目線の高さに合わせることは推奨しません。そして片膝をつく動作もしません。片膝をつくのであれば、ほかのゲストがあなたの靴底を見ても清潔と思えるくらいきれいか、ついた膝の汚れをゲストの目の前できれいに失礼なく拭うことができれば結構です。目線を合わせて座っても、その多くが本や資料を渡すとき、ゲストの目線よりも低めに渡し、その結果、ゲストは渡された本や資料を見るので首を下に向けることにつながります。スタッフが立ったままモノを渡せば、ゲストは水平の状態でストレスなく受け取ることができます。

子供へのアプローチも同様です。唯一違うのは、子供の経験の少なさからくる施設への恐怖心です。

筆者は、子供の目線と合わせてしゃがんで近づくことは推奨しません。まずは大人よりも少し遠めに距離をとり、笑顔で子供の反応を見ながら曲線で歩み寄ります。実はこのアプローチについては、筆者の地元の小児歯科医院で学ぶことができました。その小児歯科では、ほとんど子供が泣いていません。筆者が幼い頃は、歯科医院イコール泣くところという感じでしたが、現代では、内装がアミューズメントパークのようになっていたり、スタッフのユニフォームもカラフルで、治療しながらアニメが見られたり、そして治療のあとはカプセルトイやおもちゃももらえます。経費削減の匂いを感じさせない施設です。医療・治療に対する先入観を取り除き、出入り口を通りやすくしています。ほかの医療機関よりもSERVICE業の意識が高く、工夫されている感じがします。もちろん、現代の流行に押されて改装する必要はありません。ポイントはあくまでも治療の技術と経営、そして接遇の同時進行です。治療がすばらしくても、対応が悪く、言葉遣いにトゲがあれば、ゲストは妥協しながらその歯科医院にいくことになります。「人」からにじみ出るおもてなしや接遇が顧客意識を引き出し、経営をも安定させるのです。

筆者の地元の歯科医院で、どのように子供にアプローチしていたかというと、まずは席に着いたら好きな色の子供エプロンを選ばせていました。ゲストの選択肢は顧客要因の大きな鍵です。そしてドクターがくるまで、看護スタッフが子供の好きな映像を流します。日常に近い雰囲気で緊張を解いて、落ち着かせます。落ち着いたらドクターがくる直前に器具の説明をします。歯科といえばあのキュイーンという高速ドリル音です。看護スタッフは、かなり距離をとって、遠くからその子供に話しかけます。「○○君、これ見える？」と。子供は返答します。一、二歩近づいて「これこれ」とさらに興味を引くようにします。子供はもの見たさに前のめりになります（額が前にきます）。一気に風船を小さくする行動です。そして、そのドリルの先端を見せて、虫歯の説明をして、「これ、触ってみる？」と言います。そのとき、子供の首の角度は変えません。自然体の首の角度でドリルを見せます。ストレスフリーの状態を継続するのです。ドリルの小ささを見て子供は安心して、ドクターを待ちます。ドクターも笑顔で話し始めます。衛生上、ドクターが話している間に看護スタッフが、先ほど触ったドリルと治療で使用するドリルを交換します。治療後には、カプセルトイがもらえ、そして看護スタッフは礼ではなく、手を振って子供と別れます。この行程で多くの子供の恐怖心は失せ、安心感が増すのです。安心のアプローチ、図書館の児童コーナーでも応用できませんか？　同じ時間内の接遇アプローチで、動き一つに工夫をこらして、ゲストを快適空間へ誘ってください。子供も大人同様に大切なゲストの一人です。

最後にもう一つ、バルーンコントロールで注意すべき癖があります。接遇で上質な空間を創作したければ、業務中はうなずきをなくすことです。うなずきとは、相手の言動に対して理解している合図のようなもの、また自身の動作のタイミング、そして相手にイエスと言わせる技巧でもあります。しかし、スタッフがすべて言葉で説明し、動作で強調できればうなずきは必要ありません。テレビで真面目なニュースを伝えているキャスターは、うなずいていますか？　数十秒うなずきを止めずにニュースを読んでいれば、視聴者はおそらくそのうなずき癖に気づくでしょう。そして、バスケットボールのドリブルのように、うなずきが止まらなければ、あなたはきっとニュースに集中できなくなるはずです。このドリブルは、あなたとキャスターの間にあるバルーン（風船）をずっと縦に揺らし続けているのと同じです。目の前で常にバルーン（風船）が揺れて振動が伝わってくるのです。業務中、どうしてもうなずきをしたければ、上半身ごと曲げる、ゆっくりした目の会釈（一五度以内）にしましょう。

フロアワークでの実践

サービス、おもてなし、マナー、接遇、そして技としてのスピード、バルーンコントロール、距離、空間の意識と実践を最大限生かせば、ゲストの八〇パーセント以上、情勢次第では九〇パーセント以上、つまり合格範囲内でのＳ級やＡ級のSERVICE空間が継続できます。そこで図書館での実践でもう一つ重要な責務がフロアワークです。一般的には、インフォメーションカウンター、銀行、ホテルやレストラン、最近では役所でも、主にカウンターから出て第一線で接客をするポジションで、ディスパッチャーと呼ばれることが多いです。少し前まではカウンター業務のスタッフはめったに外には出ませんでしたが、空間管理やデザイン性、丁寧で効率的、排他接客のイメージ軽減、SERVICE全般のイメージアップや他社との差別化などの理由から、スタッフを柔軟に外に出したり、専属のスタッフを外へ配置したりするようになっています。図書館では、この役割はフロアワークにあたりますが、SERVICE業の観点からみれば、もっと外に出てもいい感じです。大まかに言うと、シッティング（座り）とスタンディング（立ち）では業務のスピードもイメージも大きく変わります。カウンターのなかでおこなっている業務を、カウンターの外でおこなうのです。図書館の稼働状況にもよりますが、筆者は基本的に、秒の観点からも視線からも、スタンディングを推奨します。そして、たとえ長蛇の列でも極力カウンターには入らずに、外で列の緩和をはかります。これはＯＪＴで各図書館に応じて指導する領域なので、興味がある人はキハラに接遇指導に関して問い合わせてください。五十人程度までの列であれば、接遇で各図書館に応じて負担なく、問題なくさばくことが可能です。

　さて、フロアでは、足の不自由な人などゲストが椅子を必要とする場合もあるでしょう。座る人への対応も考慮して、椅子はできるだけ置くことが望ましいです。これもまたゲスト側の選択肢ともなり、いいサービスになります。椅子は、カウンター近くに置く場合はソファーや深めのものは避けるべきです。滞在が長くなることもあり、何よりも心地よく座れるものの、立ち上がる際により力が必要となります。目的が会話であればいいのですが、違う場合は、肘かけもないリクライニングしない椅子がいいでしょう。心理的には、少々硬めのものが滞在時間はより短くなります。例えば、スピード（回転率）を重視するファストフード店では硬めの椅子が多く、ゆったりと時間を楽しむコーヒーショップにはソファーがあります。その両方を置いている大手チェーンでは、ゲストが選択可能で、勉強をしたり、急ぎぎみで食事をとったりと、多様なシーンに合わせた使用が見られます。飲食が可能な図書館では、用途に応じた椅子の配置も熟考すべきです。そして椅子の手入れや位置を戻すのは、基本ディスパッチャー役が外に出ているときに常におこないます。ディスパッチャーに関しては、第3章「空間管理」でもさらに説明します。

　カウンターでスタンディングを推奨するのは、スピーディーな案内が主の場面です。またスタンディングを推奨するほかの理由は、印象です。業務上、座らないと仕事がはかどらない、または足が疲れる場合もあるでしょうが、これは慣れです。立ち仕事と捉え、柔軟なシフトによって、時間交代で事務所に入って座る工夫もできるでしょう。ある図書館では、ゲストがくるたびに立って四五度で礼をし、決まったあいさつをします。それから機械のような、ゲストが怒らないような言動での本の扱い。コテコテのマニュアル感で違和感があります。カウンターから案内で外に出る場合も、見方によっては、スタッフが立ち上がるまで、そして出てくるまでの秒をゲストは待つのです。はじめから立っていれば、立ち上がる分の時間は軽減されます。また、カウンターから出やすい構造であればより違和感はなくなります。

SERVICEとは決まった枠には収まりません。結論から言えば、ゲストの言動に応じてそのつど、スタッフはベスト（正解／合格点以上）の言動を返したり反応したりするのです。保守的なマニュアル言動や機械的な言動では、ゲストの心は徐々に離れます。それは、フロアワークでも同じです。簡単に自身をチェックするには、マニュアル的な言動をしていないかを仲間にチェックしてもらうことです。そのチェックで合格点以上であれば、それから接遇などのSERVICEを取り入れましょう。

例えば、あなたが初めてのスーパーに入ったとしましょう。スーパーでカレーのルーを探します。なかなか見つからない場合、あなたは店員に聞きませんか？　そしてそのとき、あなたは目に入った店員か、話しかけやすい店員に声をかけてはいませんか？　店員が多ければ、あなたは間違いなく自分の近くの店員か話しかけやすい店員を選ぶでしょう。店員の返答は以下の五通り。

店員A　カレールーの場所だけを教える。
店員B　一緒にその場所まで案内する。
店員C　カレールーの希望銘柄を確認する（在庫に応じた案内か代わりの商品を勧める）。
店員D　銘柄だけではなく辛さまでも確認する（在庫に応じた案内か代わりの商品を勧める）。
店員E　在庫に応じて次回の入荷日や取り寄せするかを聞く。

店員は案内途中で会話があるかないか、笑顔か無愛想か、早足でなかったか（ゲストのスピードに合わせたか）、ゲストに合わせた押し付けではない自然な販売促進（そのほかのオススメ）をしてそのスーパーの魅力も伝えたか。またあなたの質問に対して、回答までの秒数が快適な時間だったか。店員の言動にマニュアル感が強ければ、過剰と感じれば、あなたの満足度は少々落ちるはずです。気軽に立ち寄ったつもりが、店員Eのようであれば、あなたは引いてしまうかもしれません。逆にあなたがこだわりをもって入店したのであれば、店員Eの対応以外では安っぽく感じてしまうかもしれません。

以上のように、ゲストのニーズもありますが、そもそも店がゲストに対して醸し出しているもの、いわゆるコンセプトが伝わっているかも重要です。フロアワーク担当のときも同じことです。コンセプトに順じて、スタッフの言動に自然らしさを定着させ、ゲストに伝えましょう。一定のSERVICEレベルを超える時期が継続されると、必ずゲストはいいコメントを残していきます。その内容は、「心地よい」「フレンドリー」「助かる」などに始まり、次のレベルでは個人名で褒められたりお礼を言われたり、対象スタッフに会いに、頼って来館するようになり、やがてゲストには「ありがとう」から「またきたい」へと気持ちの変化が出てきます。

第3章　空間管理

ここまでは主にスタッフの動きで快適な空間を創作する接遇でしたが、本章では、みなさんの図書館にある既に多くが変更できないモノで工夫してみましょう。筆者の接遇では、これを空間管理といいます。モノの置き方や貼り方で、空間をより快適にする接遇です。

1　カウンター篇

空間管理の基本的な考え方は、モノとの間にも風船があるということです。そしてそのモノの形や角度によって、ゲストが流れやすくなるか否かが大きく変動します。まずは、一般的なカウンターです。返却カウンターの混雑が予測されるので、あらかじめパーテーションが置いてあるとします。実はこのパーテーション、接遇（バルーンコントロール＋空間管理）の考えでは、超繁忙時を除いて設置は推奨しません。図62のように、入り口から返却カウンターに向かうとき、ゲストは最短直線距離で向かいたいのですが、パーテーションやロープなどの列の印があると、わざわざ遠回りをしてカウンターに向かうことになります。これはゲストに余計な動作をさせていることと同じです。ではパーテーションを取ってみましょう。すると……。

次の図63のようになる可能性があります。ゲストは困惑してバラバラになり、スタッフの処理時間次第では、ゲストからの苦言率も非常に高くなります。ならばパーテーションを取った場合、どうすればいいのでしょうか。

その一つの答えは、ディスパッチャーというポジションです。ディスパッチャーには、手早く片付けるという意味があります。カウンターの外に出て、ロビーのコントロール、整理整頓をする係です。スタッフが一人外に出ると作業効率が落ちると思われがちですが、時間慣れしてくると、圧倒的にディスパッチャーを配置したほうが早く、SERVICEレベルも格段に上がります。その責務は、カウンター外でのカウンター業務＋各種案内です。

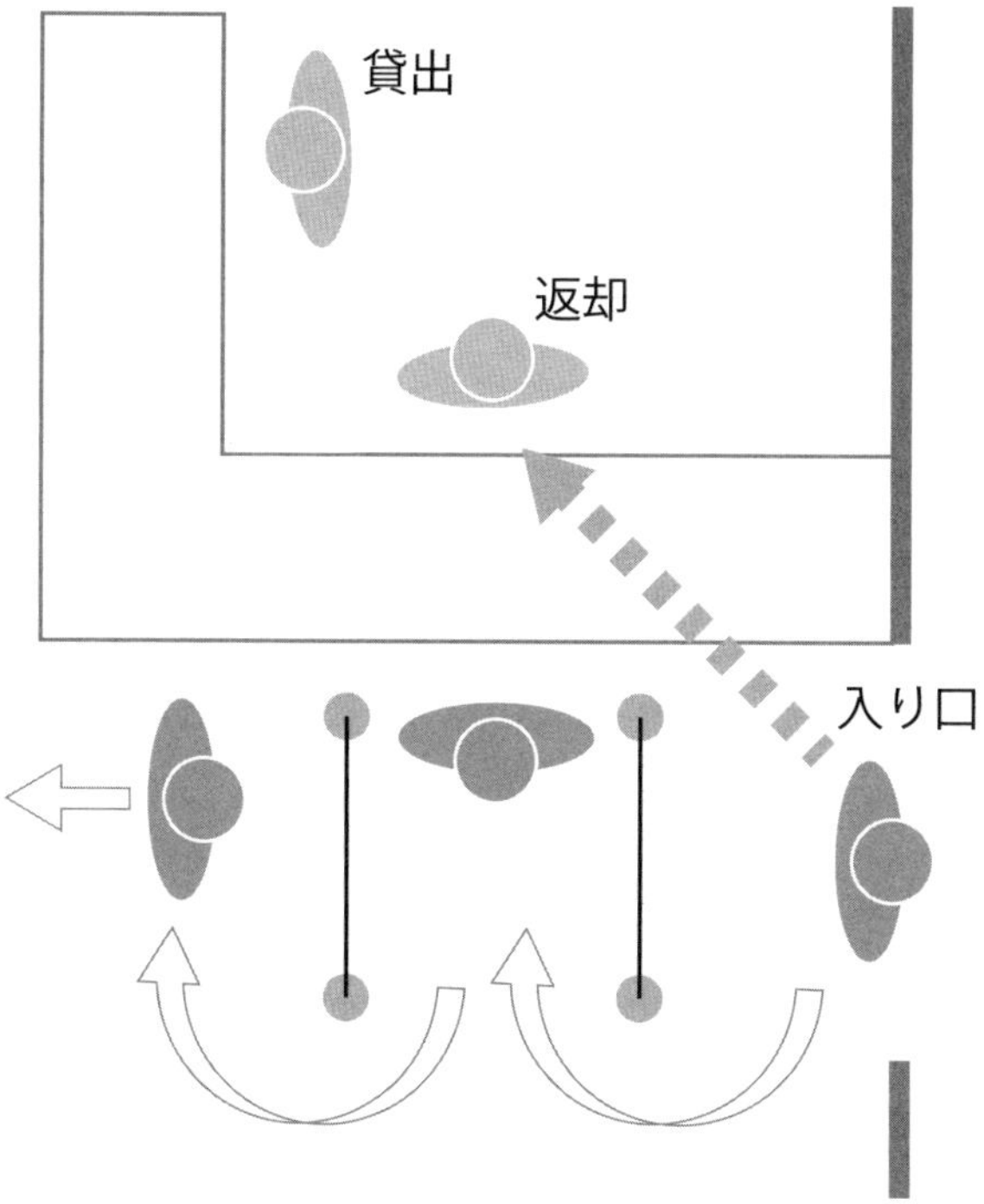

図62　パーテーション

ゲストがトイレはどこかを聞いてきたりします。ディスパッチャーがいなければ、ゲストは迷いながらカウンターに立ち寄るでしょう。しかし、ディスパッチャーがいれば、その迷いぎみのゲストに先に声をかけ、トイレまで案内したりその場所を教えたりできます。前者との違いは、かかった時間。さらに、ゲストがカウンターに立ち寄ればその間、カウンターのスタッフはほかのゲストを案内できません。秒が無駄になります。実はその秒の詰まりがあとあとの渋滞につながるのです。また、列ができた場合は、カウンターのなかには最少人数

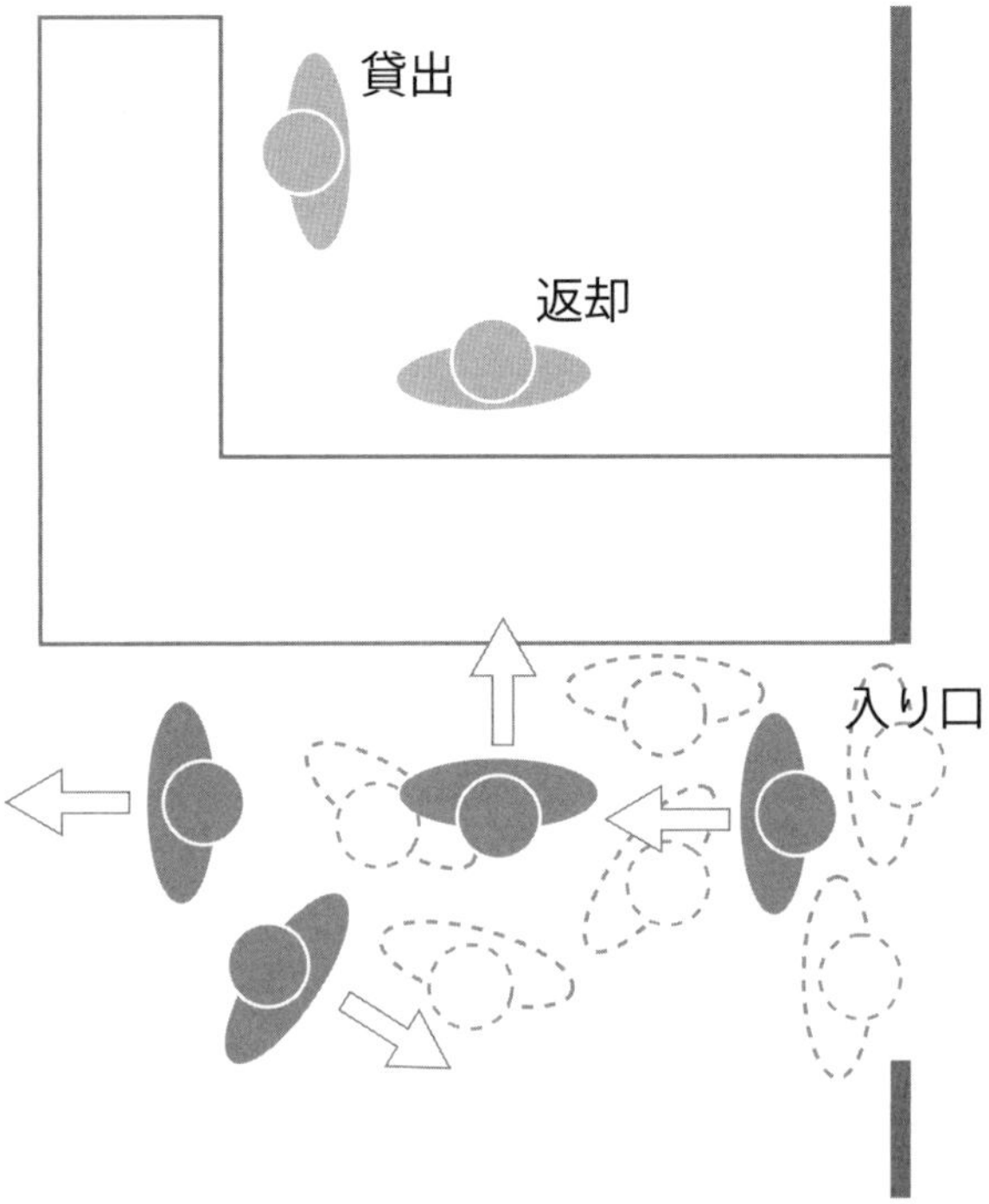

図63　ロビー混雑

を配置してディスパッチャーはあえてカウンターのなかに入らず、並んでいるゲストの二番目から声をかけ始めます。一番目のゲストに声をかけると、その会話が長引いた場合、カウンターが空いてしまうことがあるからです。そうすると一番目のゲストとの会話が終わるまで、順番どおりに待つ、つまりカウンターが無人の状態が発生します。すると二番目の人は割り込もうとしたり、イライラし始めたり……。これもまた、時間の無駄になります。上手な列のコントロールは、ディスパッチャーが風船とスピードを意識しながら、一番目の人には「次に案内しますので」と伝え、二番目以降から声をかけます。人の温かみ、一言が、みなさんの図書館のすべての数値を上げていくことにつながることを意識してほしいのです。

受付で一人ひとりに応対するのは丁寧ですが、列があるときは、一人ひとりではなく複数人に同時に声をかけるのも有効です。この複数への対応、似たものでは何があるか想像してみましょう。

①ケースA

あるテーマパークにいきます。大好きなキャラクターが列の前から順番にあいさつをしてきました。

・全員にまったく同じ握手（少々長め）
・前から順番に握手をしてきたために自分の前で時間切れになって終了
・残念な気持ちになる

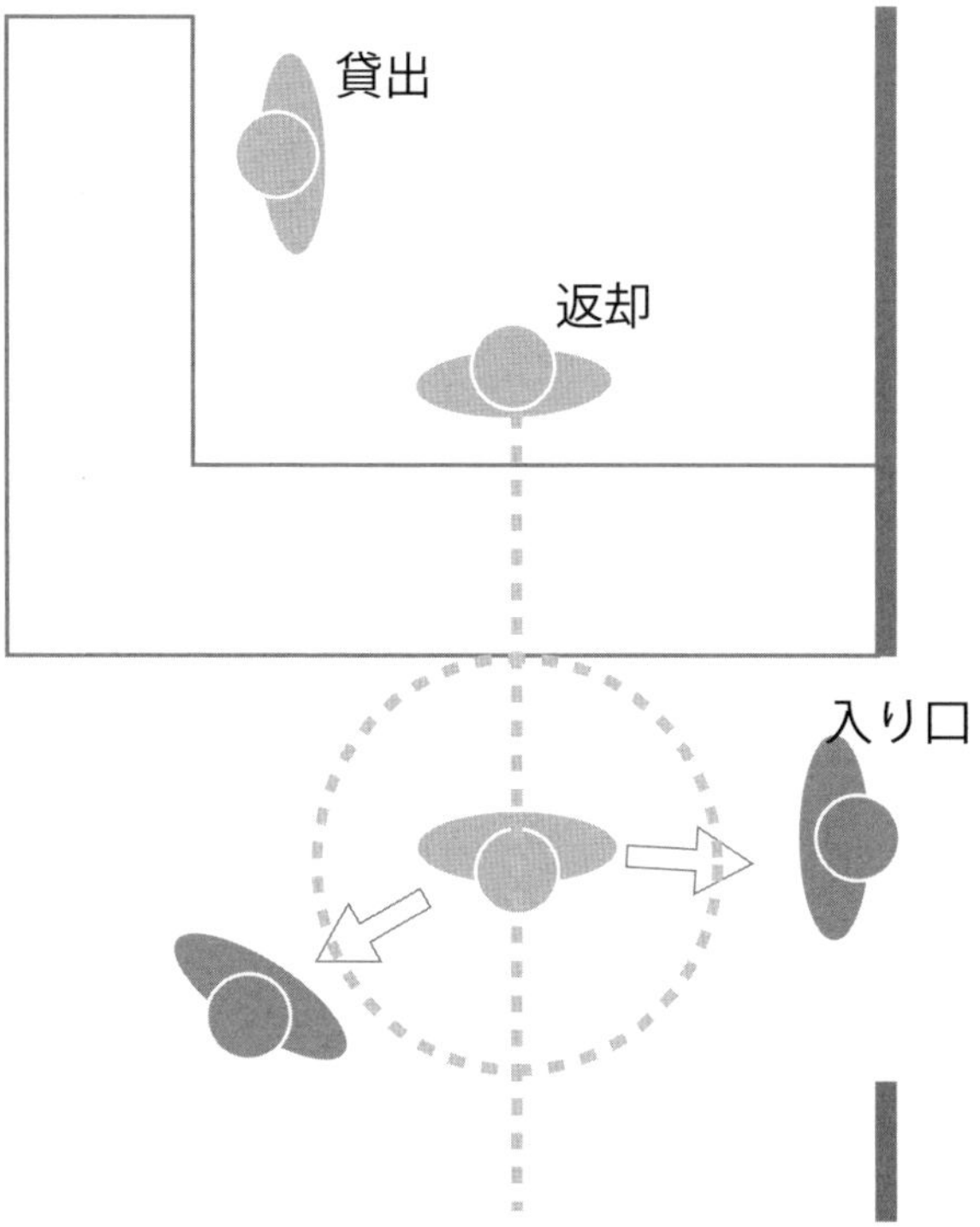

図64　ディスパッチャーがいる場合

②ケースB

流行しているテーマパークにいきます。

・子供たちに応じて握手したりハグしたり手を振ったり……
・ときには少し下がって複数人に向けて大きく手を振る
・極力全員を相手にすることでゲストの笑顔が増える

スポーツ選手のサイン会もケースBに似ています。ファン全員にサインはできません。一人でも多くのファンに手を振り、数人にはサイン。この何とも言えない距離感こそが、プロとしてのもてなしであり、接遇の技量、あんばいです。やりすぎず、多くをカバー。ときに時間をかけてゲスト（ファン）には何と話しかけてくれるのかという周りの期待感も上げていく。特別な会話でなくてかまいません。気が利いた、そのゲストに必要と思われる数秒をかけるのです。いいあんばいとは、塩一粒で味が変わることです。見た目ではわからないその絶妙な塩加減を、ディスパッチャーとして生かしてください。館内のゲスト満足度はきっと上がります。塩加減次第では、ゲストの人生の数秒を、みなさんが、図書館の空間でほっこりさせることができるのです。もちろん、しなくてもかまいません。ただ、次のように比較してみてください。

A：スタッフが笑顔でほどよい距離感で、くれぐれもお節介にならない程度に歩み寄り、自分だけに声をかけてくれる。例えば、家族のこと、前回貸出の本から、今回のお勧めを紹介される。

B：スタッフがカウンターで座りっぱなしで、笑顔はあるものの業務的。

人によってはかまってほしくない場合もあるでしょうが、そこだけにフォーカスするのではなく、そういう人にはさらりとした接遇こそが適正距離です。何度も言いますが、この距離感は、物差しで測ることはできません。OJTをおこなえば、そのタイミングを指導することは可能です。まずは、一つひとつの接客を大切に勉強しながら継続することです。そうすればこのわずかに足りなく感じる距離感（塩加減）が得られるでしょう。ポイントは、決まった動きをしないことです。ゲストの数だけ接遇の種類を増やし続けます。型にはめようとすると、必ずゲストはマニュアルっぽさや業務的な対応を感じて離れていきます。

カウンターの外でもなかの業務ができる工夫を各現場で考えてみましょう。パソコンへの入力を後回しにして、その前にできることはないでしょうか。交代でおこなうロビーの簡単な清掃を、ディスパッチャーが随時代行できないでしょうか。業務時間をプラス・マイナスで振り分けてみませんか？

2　椅子篇

みなさんの図書館では、椅子はどのように配置していますか？

ゲストが、楽に座れるのかどうか、快適な状態なのか、その配置で八〇パーセント以上の人が満足できているのか……。机に対する椅子の配置を、椅子を引く行程を数と秒で考えます。よく見かけるのが、机に椅子を押し込んでいるタイプ。次の図65を見てください。椅子を机のなかに入れると、見た目はすっきりして廊下も広く見えますが、ゲストが座る場合、①近づく、②椅子を引く、③座る、④椅子を調整する。このように四行程、時間にして七秒前後かかります。③はない場合もありますが、図書館では多くが三行程かかり、四秒前後です。では、その引いておいた椅子を斜めにしてみます。目安としては、妊婦が何もせずそのまま座ったり立ったりすることができる間隔です。これで①近づく、②座る。二行程一秒です。この斜め置きの角度は、ゲストの流れに応じて調整が必要です。ゲストが流れてくる方向に対して椅子を開きます。廊下の幅、照明の加減によっても開き方を変えます。そしてその斜めにした椅子をきれいに一直線で合わせます。一部のコーナーは斜め置き、一部のコーナーは通常どおりとすれば、ゲストは選べてより快適にもなります。

現場指導でよくある質問は、「時間がない」「忙しくて椅子を直す時間がない」です。

接遇をすれば秒が稼げることは既に説明しました。どうやってその時間を稼ぎ、そして椅子の整頓ほかにその稼いだ時間を利用するかがポイントです。ブックトラックで本を戻しにいく途中に、サッと椅子をいくつか直す、そんな時間はありませんか？

SERVICE業では、どの時間帯でも、どのスタッフでも、どこを見ても八十点以上が理想形です。開館時は、

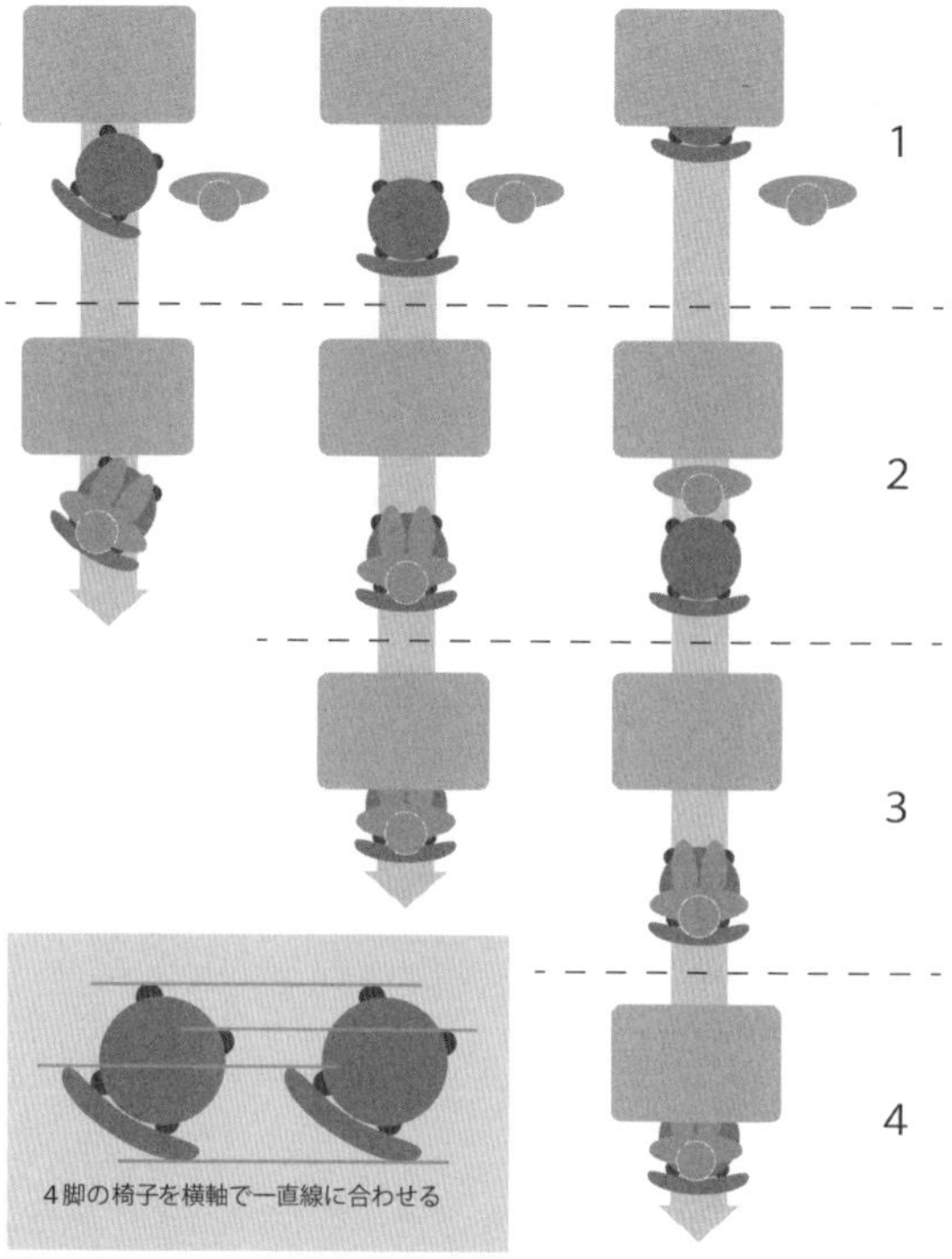
1
2
3
4
4脚の椅子を横軸で一直線に合わせる
図65　斜め置きの効果

清掃もしたばかりで、いたるところ、特にトイレはきれいでしょう。しかし一時間後、ゲストがトイレにいったら、床が水で濡れている、トイレットペーパーが散乱している……。次に使用するゲストは快適さを感じません。いついってもきれいなトイレ、それだけでも施設のウリとなれば、ゲストがリピートする要因になるのです。

　トイレについてもう一つ、空間管理をオススメします。以前、高級外国車の販売店の教育指導をした際、はじめにトイレをチェックしました。四千万円以上の車が展示されているのだからトイレも高級かと期待したのですが……。ほこりをかぶった造花、既製品の液体石鹸に油性ペンで店舗名を記入、便器を洗うブラシが便座の横にあり、メーカー名を記載したままの芳香剤がある。さらに店内に戻ると、プラスチックの使い捨てカップでゲストにコーヒーを提供していました。正直、がっかりしました。もし自分がきょう四千万円の車を購入し、その間にこのトイレを使用し、このコーヒーが出てきたら……。車を購入しにきたのだからと心で割り切っても、残念な思い出が残ります。

　SERVICE業の空間管理でもう一つ重要なことは、期待以上のサービスを八〇パーセント以上提供すること。

そして、店舗内、館内にはストーリーが必要です。最近ではテーマパーク、総合ショッピングセンター、スポーツ施設、空港、いたるところで統一感がある空間がトイレの隅まで意識されています。清掃道具は清掃のときにだけ用意する。芳香剤は見えないところに隠すかその施設らしいカバーをする。石鹸や消毒液入れは陶器を使用、などです。その自動車販売店では、まず徹底的に清掃して、コーヒーカップとスプーンもその車の生産国のものを使用するよう指導しました。その結果、ゲストの反応もよく、車以外で一カ月で十件以上のコメントも寄せられました。たとえゲストがその料金を払わなくても、ゲストは快適な空間を楽しむ権利があるのです。その方向で、みなさんの図書館空間も上質さを維持していきましょう。きっといいコメント、そしてゲスト数やリピート数が増えていくはずです。

3　貼り紙篇

図書館の現場の接遇指導で多く指摘するのが貼り紙、特に入り口や玄関の風除室周辺の指導です。本来、貼り紙は一枚もなく図66のように何もない風除室だったのでしょう。それが、いつの間にか図67のようにゲストの利用状況に対して物申したいことが言葉ではなく貼り紙として増え続けてはいないでしょうか。そして数年後、館長(上長)交代時には違うフォーマットで、新たな貼り紙が次から次へと増え、それに伴ってセロテープの跡もそのまま増え続ける……。玄関は本来、図書館であることの表示や一部規則、そしてもてなし感があることが理想です。すっきりと、図書館らしさだけを加えた空間であることが望ましいのです。貼り紙一枚でも風船は発生します。そしてその貼り紙は位置によってゲストの足を止めます(図68)。

ゲストが、ポスターの前で数分、立ち止まります。この風除室の前にゲストが十人いたらどうでしょうか。混雑が予測できるでしょう。玄関からの混雑、みなさんは快適ですか?　快適な空間や時間の過ごし方が、ゲストの満足度を上げることを理解しましょう。

図69と図70の動線は確実に曲線となり、図70はそこに緑や花の癒しが入ります。あえて空間を狭くすると、そこを抜けたときに広く感じます。モノではなく命ある植物がゲストを出迎えます。その植物にその施設との関連性（ストーリー）があればなおいいでしょう（花言葉や県花も意識するといいでしょう。ただし、花アレルギーの人もいるので注意が必要です）。フレンドリー、シンプル、高級感、モノで施設に応じたレベルを上げることもできます。予算次第では、コンセプトに準じた絵柄やロゴ入りのマットもいいかもしれません。

ブレークウインドー理論というものがあります。汚いままだと汚くてもいいと感じて、施設は汚くなる。きれ

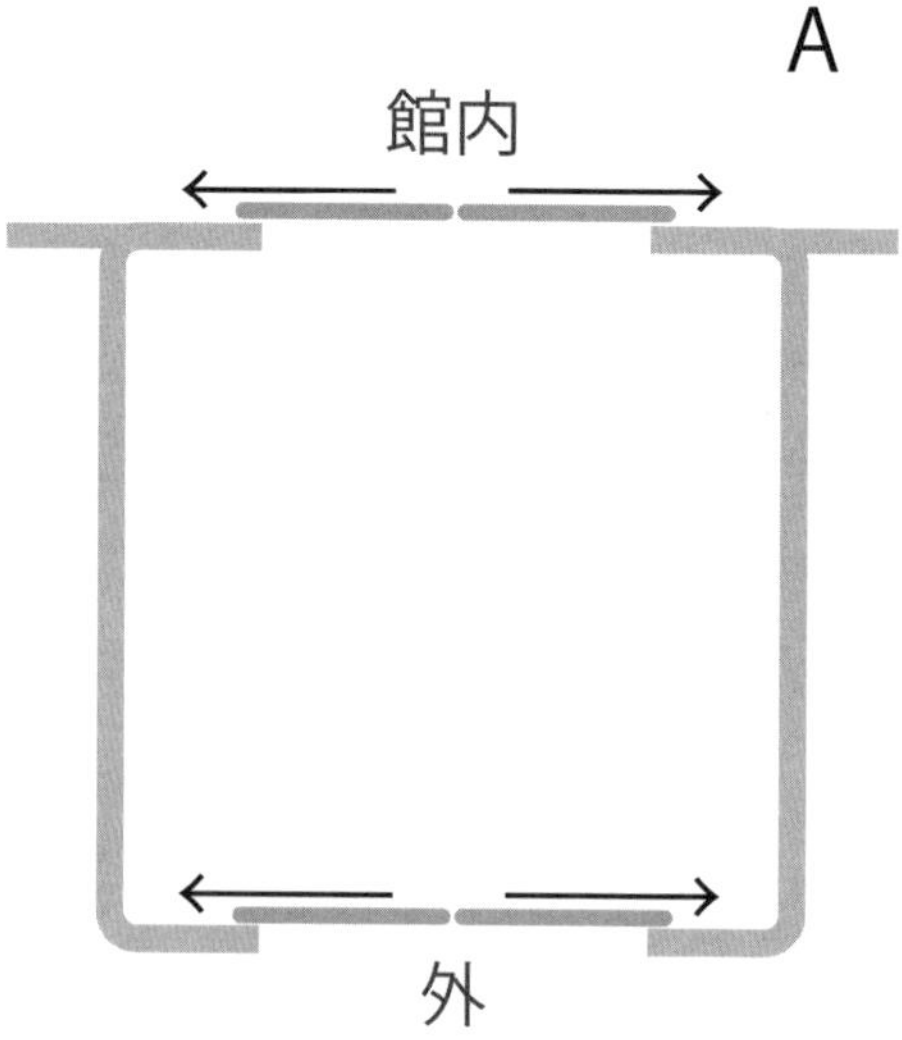

図66　何も置いていない風除室

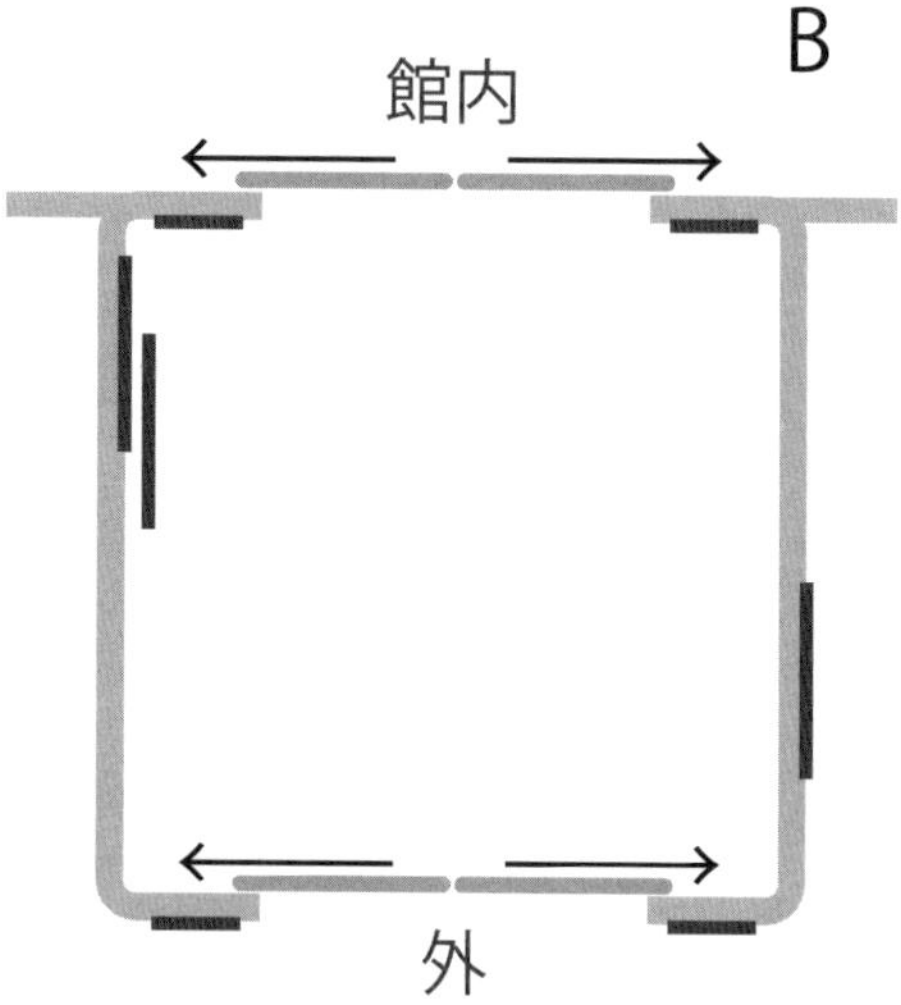

図67　貼り紙がある風除室

いにすると、そうすべき、しなければいけないとスイッチが入る。貼り紙で景観や品格を下げておきながら、ゲストの図書館利用のモラルを上げようと努めるのは逆効果で、確実に八十点以下となります。もちろん、殺風景にせよということではなく、コンセプトに合った、地域性があるスマートな空間を、光やもてなしを最大限演出して意識を高めるのです。どうしても貼りたい／貼らなければならない場合には、一カ所にまとめて案内コーナーとして掲示します。ゲストがその場所を見ればわかるようにしておけば、必要な人、情報を見たい人は必ず立ち寄ります。館内では、ゲストに選択権があるのです。強いて言えば、その案内コーナーの規模を最小限として、すべての貼り紙のフォーマットや色、フォント、文字数を統一し、図書館の印やロゴを入れるともっとよくなります。また、各種案内は必ず玄関でなければならないのか、カウンター以外でよりいい場所はないのか、集中掲示場所では問題があるのか、きちんとした言葉遣いで、口頭やメモ用紙で時季に応じた案内はできないのか、などを見直すことも重要です。

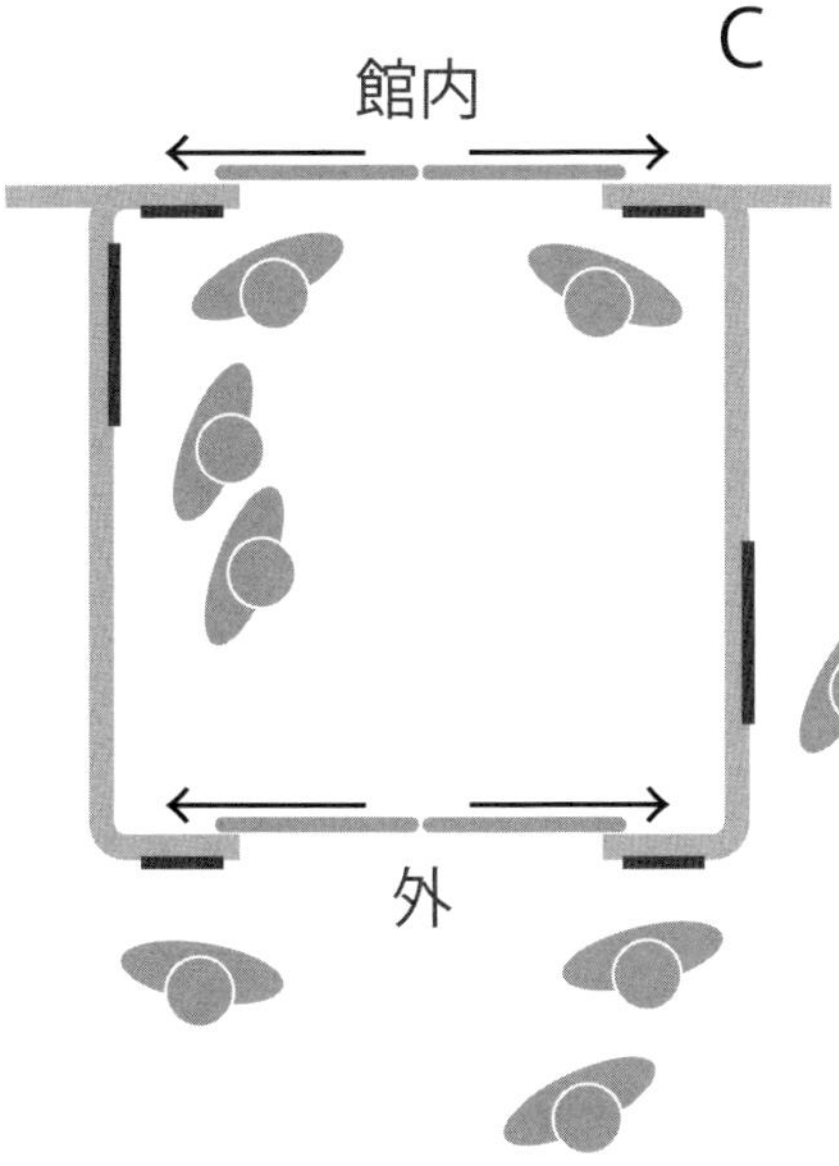

図68　ゲストが止まる風除室

　書いても書いても、ゲストが図書館のマナーを守らない……。それは貼り紙の効果があまりないのだと感じるべきです。極力、貼らずに説明する、説明し続ける。コミュニケーションを重要視しましょう。そうすれば、ゲストはわからないときにはスタッフに聞くような空間になります。聞きにくそうであれば、スタッフからゲストに話しかけるのです。モノより人です。貼り紙に頼らず、スタッフで図書館を利用するゲストを満足させる、それがゲストの苦言を減らすことにつながります。貼り紙は、身だしな

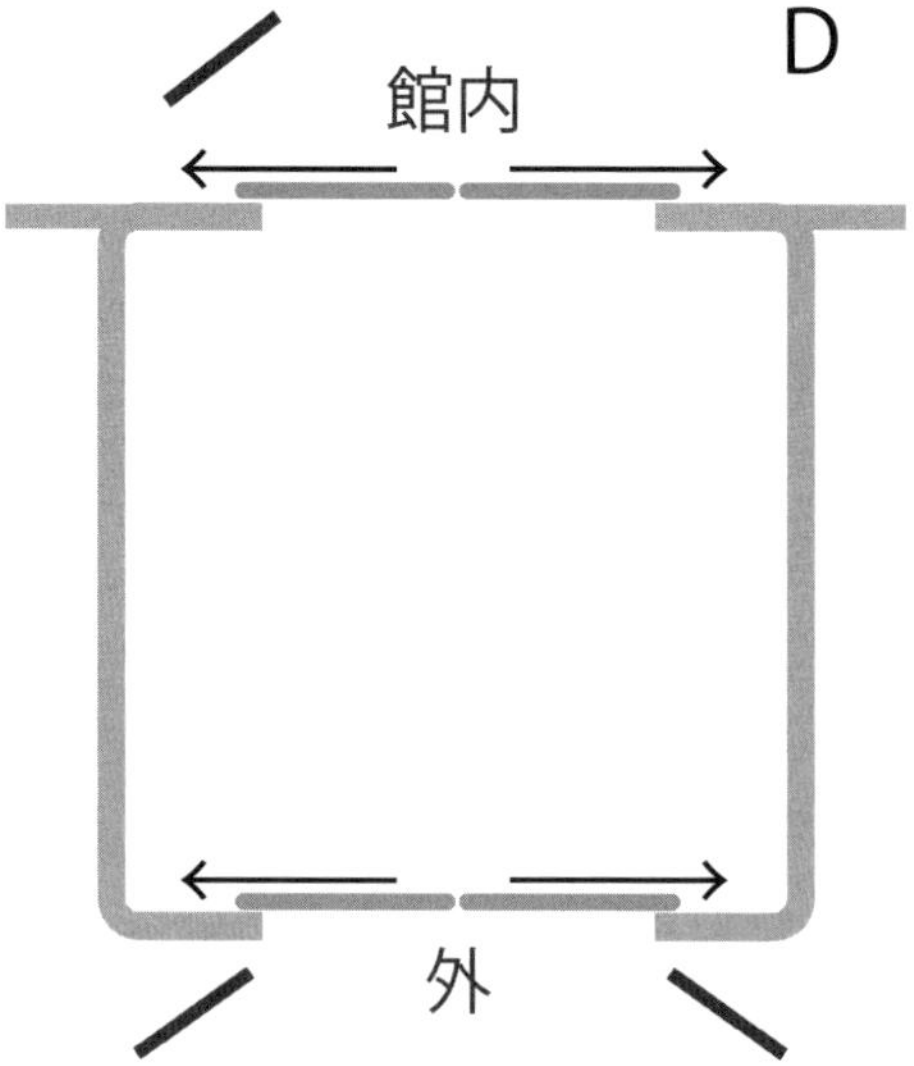

図69　曲線の動きになりやすい風除室

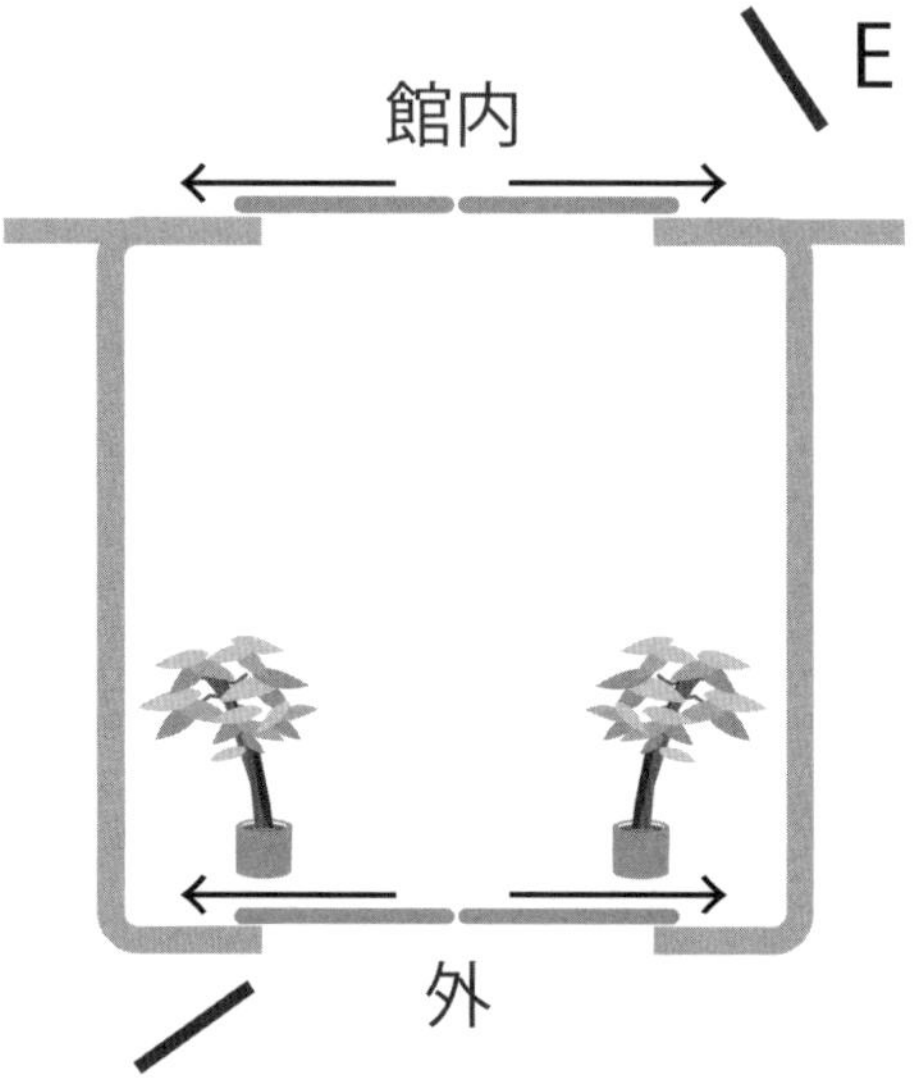

図70　なかが広く感じる風除室

みと同じです。あなたに高額の絵画をプレゼントしたら、それを画鋲で留めて絵画と壁に穴を開けますか？　身だしなみに例えるならば、表側にセロテープ、ホチキス、画鋲は使用しないはずです。額に入れる、またはゲストに見えないように両面テープをオススメします。金属類は異物混入やけがにつながる恐れがあります。貼り紙は最小限で読みやすく一箇所に集中させることが基本です。または、個別に渡すことを強くオススメします。

＊

さあ、空間を整えて接遇です。

あらためて、あなたはスタッフとしてゲストに、この本を商品としてどのように渡しますか？

コラム1　空間管理（ゲスト動線）

椅子の背が壁についている。なぜ壁につけるのかと聞くと、「廊下が広くなるので」「入社したときからこうだったからです」「考えたこともありません」と答える。コンサルティングをしていたときによく耳にしました。椅子の意味、椅子を置く位置でゲストの印象も変わる、ゲストの動線も変わる、こういうこともきちんと考えて配置していますか？

ゲストが快適に過ごせる空間を考慮することはスタッフ側の責務です。空間を創作するには、まずゲストがどこを通ると快適なのかを分析し、大多数の道を割り出して、心理的根拠に基づいて物を配置します。そして最後に、ゲストになりきってその道を通ってみます。そのまま固定せず緻密な流動配置を組んで、さらにスタッフがゲストをスマートに誘導する。それはアメリカンフットボールのフォーメーションにも似ています。意味ある配置には心があり、ゲストの表情に安堵の色が現れます。

物を配置すれば、必ず影ができます。背もたれがある椅子の場合、壁につければ背もたれの影は濃くなり、壁から離せば薄くなります。廊下を広く見せようと椅子を壁につければ、壁紙も磨耗し、背もたれの角も削れてしまいます。その修復費用に何十万もかかる場合もあります。

では、実際に椅子を配置してみましょう。

①背もたれをぴったりと壁につけます。座ってみましょう。

→そのときのつま先の位置に印を付けておきます。多くの人は少し浅く座るはずです。なぜならば、脳が距離を測り、深く座れば後頭部が壁にぶつかると判断するからです。

②背もたれを壁から十五センチメートルほど離してみます。座ってみましょう。
→そのときのつま先の位置は少し後ろにきていませんか？　多くの人は深く座ります。なぜならば脳が距離を測り、深く座っても安全だと判断するからです。このとき、無意識に影の濃度によって距離感を測る人もいます。つまり暗いほど、嫌悪に似た感覚が発生するので距離を置き、明るいほど、光に導かれるように距離を縮めてきます。

ゲストが座ることで椅子が動き、そのたびに椅子を元の位置に戻すのは大変な作業です。しかし、どの時間帯であってもゲストはみなさんの図書館を選んでくれたわけですから、ベストな状態（意味がある配置管理）を体感していただきましょう。ゲストのために最良・最短の動線を確保しながら、光と影を意識しながら書籍と空間が引き立つモノの配置をしていきましょう。人がゲストの妨げになる場合もあります。物（モノ）だけではなく、者（モノ）の位置（フォーメーション）も同時に重要です。つまり、ゲストが帰る際、前後左右、どこに立つかでゲストが迂回せずに通る道が確保できます。ささいなことでもすべてに意味がある空間を作ることが大切です。光は影も作ります。ゲストが光であれば、影でもあるスタッフもまた、ゲストの空間を演出する最高の役目があるのです。

コラム2　礼

Bachelor of Science。海外の大学でホテル経営学を学ぶと得られる修士号です。ホテルのオペレーションを筆頭に、SERVICE業には感性も大事ではありますが、科学的な根拠も必要なのです。筆者もイギリスの大学のホテル経営学科で多くの科学的根拠を学びましたが、日本をはじめとする「礼」を重んじる国の業や科学は、一切学ぶことができませんでした。

立礼は会釈（一五度）・敬礼（三〇度）・最敬礼（四五度）が基本で、目線を落とす場所も、礼の角度によって、数十センチ異なるとマナー本にはよく記載されています。しかし、実際はこの角度や距離ばかりを意識して接客するとマニュアル色が強くなり、ゲストの多くは違和感を抱きます。まして現場慣れしてくると、距離感を無意識に調節しがちです。どのタイミングで礼をすべきか、まばたきはどこですればいいのか、天井の高さは意識しなくていいのか、ゲストとの距離がどのくらいのときに礼をすればいいのか、の科学的な根拠（意味）は、教科書には載っていません。つまり、初期の教えにしたがって感覚や経験、勘で礼をおこなうほうが多いのです。もちろん悪いことではないのですが、接遇の観点では、ゲストに合わせて変えていくことも大事です。

筆者は過去SERVICEに関連する講義を多く実施しましたが、やはりこの答えは見つけられませんでした。ですが、これまで直接接客したゲストや受講者たち、およそ五十万人以上を対象におこなったデータから見いだした「礼」に関する接遇の業を説明します。

そもそも、なぜ礼をしなければならないのか。マナー本では、礼とは相手に敬意を表するあいさつと説明しています。しかし一方では、礼も過ぎれば無礼になる、という言葉もあります。礼儀正しいことはいいことですが、あまりにも度がすぎた礼儀は相手の機嫌や顔色をうかがうだけになり、むしろ礼儀ではなくなってしまいます。過剰なご機嫌取りは礼儀とは言えず、かえって相手を不快にさせるという意味です。

礼には大きく二つあります。座礼と立礼です。座礼とは座ったままで礼をすることで、一般的には無礼にあたります。国内では一部規定もありますが、これは儀礼内のことです。実際に会社で毎回立っていたら大変です。どうしても客に座礼をしなければならないときは、少々ゆっくりめの会釈程度ですませるのがいいでしょう。しかし、通常の客に対してはもちろんのこと、せめて講義を受けたあと、社内会議の席などでは座礼ですませるべきではないでしょう。

立って自分の椅子をもとの位置に戻して礼をします。これが立礼です。立礼のなかには、みなさんが日々現場でおこなっている礼もあります。では、好感がもてる礼はマナー以外でどのようにするのがいいのでしょうか。

①相手の目を見て目でほほ笑む
相手に自分の存在を意識させ、Welcome の態勢を整えます。

②適切な言葉を発して礼
礼をしながらのあいさつはＮＧ。言葉は相手にぶつけます。

③臀部を突き出さず上半身で礼
肩が丸まったり顎が下がったりすると、同時に背中が丸まって悪印象です。

④礼の角度は天井の高さで調整
吹き抜けであれば深め、客室や廊下では一〇度が目安です。
↓角度によって相手に圧をかけてはいけません。
↓礼の角度分下がって、相手との適正距離を確保します。

⑤スピードは下げ一秒、上げ約二秒
上げるときがゆっくりめだとスマートです。

⑥顔・服装・靴をチェック

礼は礼だけにとどまらず、相手の特徴を情報として記憶する手段です。

⑦爪先を見て、一回深くまばたき

目を開けたタイミングで相手の目を見ると、瞳孔が開いて好印象です。

⑧目を合わせて笑顔で案内

頭を上げた瞬間の間合いを維持しながら相手を案内できれば合格です。

↓礼で相手を止めないことが高度な接遇

①から⑧をマニュアルとしておこなってはいけません。総合的な時間を逆算して、あくまでも自然に振る舞わなければスマートではありません。それがプロの業です。

4 鼎談　図書館とSERVICE

加納尚樹／山崎博樹／伊東直登

異業種から見た図書館

加納尚樹　きょうはお二人に本書について忌憚のないご意見をいただきます。よろしくお願いします。

山崎博樹　加納さんが本書の出版を考えた背景、また、なぜ図書館に興味をもったのかを話していただけますか？

加納　私自身のSERVICE業はホテルやレストランが中心でした。図書館は子供ができたころくらいからいくようになり、どうしても図書館全般のSERVICEの弱さと言ったら失礼かもしれませんが、それが気になって。私は病院でも事務でも市役所でも（コンサルティングを）やったことがあるのですが、自分の接遇が生かされればいいな、と。さらに、図書館という知的財産に関して付加価値的な動きができればいいし、ぜひ導入してもらいたいなという思いからスタートしました。

山崎　異業種からの視点や意見は、図書館員にとっては大事なことだと思います。

伊東直登　子供ができてからというきっかけは、それまで図書館を使っていなかった親としてよくあるケースですが、そのなかで気になった部分もあったのですか？

加納　ありますね。人と人との間にものが入ったときに、必ず言動が入ってきますから。図書館名は出しませんが、スタッフにポンと本をカウンターに出されたときに、こんなやり方をされるのかと感じましたね。もちろん、お二人に出会ってから図書館をいろいろ見にいって、それぞれにいいところ、悪いところはあります。ただ、人

図71　向かって右から加納尚樹（筆者）、山崎博樹（前秋田県立図書館副館長）、伊東直登（松本大学図書館長）

（スタッフ）によりけりというのはありますから、難しいのですが……。どのSERVICE業でもそうだと思うのですが、それを埋めていくためには技術を教えていかないとダメなのかなというのは、本書を書こうと思ったきっかけではあります。

山崎　全国の図書館を見てきて、そのなかで伊東さんが館長だった塩尻市立図書館もごらんになって、どういう感想でしたか？

加納　塩尻市立図書館には感動しました。例えば、七秒に一回くらい頭を上げる行動は、常に完全にゲストに向いている、ゲストに気づくという意味があります。ゲストにスタッフの気持ち、ホスピタリティーが伝わっているということだと思います。入り口で好印象が決まると思いますね。一流と呼ばれる施設で、スタッフの気持ちの基盤があるかないかはすごく重要なことです。

伊東　図書館は人に対する場なので、ホスピタリティーは職場の一つのあり方を示す言葉として使ってはきていましたが、それができているのかできていないのかがわからない。スタッフ自身が自己啓発、自己開発を続けていくしかないのですけど。ゲストから指摘されてしまう対応が図書館側にあったとしたら、それって問題ですよね。そういう感覚をもたせないためにはどうしたらいいのか、図書館側は悩みますね。テクニックの部分はもちろん、ホスピタリティー、気持ちの部分をやらなきゃいけない。塩尻では、図書館はSERVICE業だからということをスタッフに言ってきました。SERVICE業だったらどういうことが起きるのか。本を貸しているのか、本を届けているのかという考え方の違いが積み重なって、ちょっとした言動に出てくるのかなと思います。

加納　私のなかでホスピタリティーというのは、いろいろな概念があります。心ありきで技術。技術ありきで心。私は同時だと思っています。ただ、異業種から見た場合に、技術は点数がつけられますが、ホスピタリティーとか精神とかはつけられないですよね。どう感じられるか、どれだけニーズをカバーしていくかというところですね。先日うかがった塩尻市立図書館に関しては、ホテルのスタッフを連れていって自分の目で見てほしいと思うくらいの部分もありました。学ぶことがたくさんあると思います。

マニュアルに頼りすぎない

山崎　お互いの視点が違うとさまざまな見方ができ、それが双方にとってプラスになると思います。図書館の人間からは見えない部分が、加納さんにはわかると思います。本書では、サービスの形というものに理由があることを語っていて、それは図書館の人間にとってもすごく納得ができると思います。いろいろなサービスがそういうマインドや目的があってはじめて生まれてきますから。形だけにこだわってしまうと、なんだかやはりぎこちなくなってしまいます。

加納　昔、ブルース・リーの映画に出てきた「Become Like Water」、水のようになれという言葉が私のなかで響いていまして。水にパンチを打つと、水は知らぬ間に手にまとわりついてくるという感覚。しかしそれがじゃまじゃないし、生きていくうえで水が必要だっていうところがものすごく共感できます。それを新人社員研修で必ず言います。映画『スター・ウォーズ』のヨーダというマスター戦士も似たことを言っています。「Don't Think! Feel!!」。「考えすぎるな！　感じるのだ!!」。時代を超えて私が使うのもなんですが、接遇もこれに通じるものがあります。先ほど山崎さんがいちばんはじめにおっしゃった、異業種から学ぶというのもそういうところをふまえていくと、SERVICEとは最終的には、前後左右を超えて何か一つ見えない形というか、そこに創造性とか地域性とかが含まれて、そこから生まれるものだと私は思っています。はじめに決めていくのではなく、人を作って（成長させてから）花を咲かせていくような……、そんな教育がしたいと思っています。

伊東　現場で一人対一人の場になると、状況によって対応していかないと。いつでも決まったように、頭を下げなさいとやられたのでは、とてもじゃないですけどよくありませんからね。

加納　結局、一つは気づく力を上げていくこと、次に必ず一つずつ意味を教えていくこと。どのSERVICE業でも通じることですね。もう一つは引き出しというキーワードを出しています。いろいろなやり方を知らないと相手に合わせられません。この三つに絞って、集中的に、これに心と技術を両方つけていく教え方をしています。図書館で講義すると、意味はすごくわかっていただきました。椅子の置き方一つでも、意味がわかると、やってくれる人は多いですからね。もちろん、紫波町図書館のように優秀な図書館員がいると安心ですが、いなくなっても脈々と意味を伝えていかないと。

伊東　マニュアルも、それがなぜあるかっていう理由や背景が大切ですよね。なぜそこでこうしているか。

加納　そういうことですね。この前、ある図書館を見にいったのですが、スタッフ全員が同じ角度で同じスピードでお辞儀をして同じ服を着て出てくる。本人たちも講義中に「指摘してほしい」「どう見えますか？」と言うので、「アリみたいです」と伝えたら、即行、現場で修正すると言っていました。

伊東　スーパーとかで、レジの人が突然、一律に同じ頭の下げ方をし始めるわけです。ああ、研修会があったな、みたいな感じがあって。ゲストによっては、「ただこれ買うだけだから早く払わせて早く帰らせてよ」って人もいれば、「買い物を楽しんでいるからあなた（スタッフ）のペースでいいよ」っていう人もいるわけで。難しいのでしょうけどね。やはりゲストの気持ちを感じ取る努力はあっていい。それって図書館も、利用登録をしたい人がきて、マニュアルで、カードを作るときにはこういう説明をするということはたいてい決まっていると思うのですけど、それをかっちりとやると、例えば十分かかる。そうすると、その十分をくださいますか？って聞くところから始めないといけない。ゲストに帰られたら困りますって話になってしまってはね。

山崎　やはり相手の様子を見て時間も考えなければいけない。時間がないのであれば手早く、理解力が高い人であれば簡単にということですね。

究極の意識は、秒を大切にすること

加納　以前、接遇の指導が入っている図書館にいったとき、サービスカウンターで、一回ごとに立ってお辞儀してまた座っていました。やっぱり秒の無駄だとか、本当にこれで心が伝わるのかと感じて。実際にスタッフに聞いたら、「立ってあいさつしないとダメなのですか？」って逆に質問されました。疑問を抱いていたり、意味を理解しなかったり、やらされていたりしては、相手に心は伝わりません。確かにきっちりしたマナーを求めている人もいます。例えば大衆店にいけばそんなホスピタリティーはいらないかもしれません。ただそこに前後で一言があったりすると、やっぱりうれしいわけですよね。野球で言えば、ストレートばっかり投げている人なのか、ちょっと変化球があるのか、で面白みは変わってくる。それがないと、飽きっていうところにつながってくると思うのです。

伊東　読んで、秒単位の積み上げが大事みたいなところがあります。個人にとって五秒、十秒の待たされている感って、ちょっといやなものがありますね。例えば、そこに本があるのに、いつくれるの、みたいな数秒ってなんだろうって思うわけですよ。図書館関係の話なので言うと、図書館って利用者の時間を節約するという。

山崎　ランガナタンの図書館五原則ですね。

伊東　はい。図書館員ならたいてい知っているルールがあるわけです。そのルールが自分のホスピタリティーに入っていれば、やり方って自然と決まってくるでしょう。あと、本書で紹介しているペンの渡し方の話も、もうちょっとペンの下を持ったほうがいいな、というようなことがまだまだたくさんあるなとあらためて感じました。

山崎　時間の短縮はサービスする側にとっても必要です。一秒を削るというのは、箱根駅伝では大変大事ですが、図書館職員はたいしたことないと思っています。ただ、年間を通してたくさんのお客にそれを続ければ、結構な余裕が日数レベルで出てくる。加納さんもそう書いていて、すごく共感できました。図書館の人って、忙しいから新しいことはできないって言うけど、そういう細かい時間短縮を考えてみるべきだと思いました。

加納　ルール化しても忙しいところは、おそらく多くのスタッフは意味がわかっていないのだと思います。なぜそうするか、それがわかると心が動き始めます。ペン一つでも、あのように教えたところでやっている施設は実際あるのですが、もらったあとにペン先を相手に向けて置くというスタッフもいます。これでは意識が弱いのですね。いくつものステップなので、点数化されていくとすごくいいと思います。さらに意味も伝えてあげる。それがただ独り歩きしてしまうと、先ほどおっしゃたようなマニュアル化だけになります。

山崎　加納さんは図書館側の視点でなく、受け取る側の視点をかなりおっしゃっています。図書館員にとってはこの視点が難しく、忙しいなか、つい自分の視点でやってしまう。主体がサービスを受けるお客側にあるという意識があまりないのです。仕事をこなせばいいみたいなところもあります。それから、いまおっしゃった接遇の評価ランキングというのは図書館にはないですね。

加納　じゃあ、Library of the Year で接遇部門をぜひ設けてください。ちゃんと数字化すると受け入れは早いかもしれないですしね。

正解を導くSERVICE

山崎　図書館員も、図書館のこういうところがうまくないとか、サービスのここがうまくいっていないと口では言えるのですけどね。おっしゃったように可視化するという点で、点数にしないとなかなかできない。この業界はないですが、ホテルなどはものすごく厳しいでしょうね。

加納　例えばトイレが温水であるとか、季節に応じて違うものを出しているかなど、全部評価でやっているところが多いです。

山崎　ホテルにかぎらず、航空会社、最近は病院なんかはものすごく厳しいですね。

伊東　図書館のそういう点数化や図書館員の接客っていう言葉が出てくるとき、カウンターワークが中心になりがちですよね。

山崎　そうですね。

伊東　カウンターでにこやかにとか、ゲストに背中を向けるなとか、本を渡すときはこうだとかというのは、結構話します。でも、いまの話のように、トイレがどうなっているかとかは話さない。トイレ掃除を外部の業者に委託しているところも結構あるし。そうすると、この図書館のトイレって、利用者さんにとって気持ちのいいものなのか。記載台の位置関係とか、列のでき方とか、図書館員は接遇という視点で考えられていないような気がします。

山崎　私も図書館に入る際は、玄関か駐車場、看板や案内を見たりしてから閲覧室を見ます。それで図書館の格がある程度わかってしまう。それはお客も感じる部分ではないかと思います。さらにお客によっては、サービスカウンターにいく必要がない人もいるわけです。真っすぐ書架にいったり、あるいはほかのサービスを利用したりします。本書ではサービスの体系的な部分を最初に示していますが、サービスを広く捉えているという気がしました。

加納　そうですね。私の恩師もよく言うのですが、サービスに百点はない。正解はある。それが八十点以上だったり九十点以上だったりというのをどう感じるか。私も施設は駐車場から見るのですが、駐車場、玄関、そしてその次にトイレを見てと、ゲストの目線で見ていくのですね。スタッフがずっと下ばっかり見ているところは、どんなSERVICE業でもよくないですね。顔が上がっているところは声も出ています。そういうところがうまく点数化できるといい。そのために必要なのは、異業種から学ぶことです。異業種を体感するのも重要と思います。

山崎　図書館にいくと入り口の時計が止まっているケースはたくさん見るのですけども、一流のホテルでそれがあったら残念ですね。やはり高いお金を出しているっていうことでゲストは見返りを求めるのですが、図書館は基本的にお金を取っていないので、あまり意識されない。しかし私は、あらかじめ税金として前払いしていると思っています。

伊東　本当は払っていますね。

山崎　既にお金をいただいているのだから、それをしっかり返してあげないといけない。ですが、利用する側も無料だからと、あまり意識しない。

加納　これは一泊二万円、三万円の宿泊料をとっているホテルの事例です。一階にコーヒーショップが入っています。外国の人がきて、まずコーヒーを飲んだ。四百円としましょう。飲んだときに最高のサービスが受けられた。あそこにいけば百パーセント笑顔とあいさつがもらえる。二回目にいったら名前を覚えていてくれたということがあった。次にホテルにいったところ、フロントで無視され、あいさつもされません。コーヒーショップの何十倍もお金を払っているのにどういうことだ、と。コーヒーショップを見習ってこいとホテルのゲストから言われました。こうなってしまうと、値段もあるのかもしれない。しかし、逆転の発想で、コーヒーショップが四百円でここまでしますよっていうのがあるからほかの店に勝てるわけですよ。そうすると、図書館も無償か有償かだけでなくて、ここまでやりましょうよと言って実行すれば、人は集まる一つの要因にはなると私は思います。

快適な居心地を提供する

山崎　確かに、払っている税金以上のサービスを受けたら住民としてはありがたい。行政というのは、いただいた税金をそのまま住民に返すのではなく、付加価値を添えて返す必要があります。たまに公共施設などにいったりすると、こういうところにあまり長くいたくないと思ったりすることがあります。

伊東　これまで図書館を居場所としてあまり作り上げてこなかったので、なおさらそういう面がありますよね。むしろ、本を借りたら帰ってくれ、みたいなところもあります。

山崎　昔、閲覧室に机をあまり置かないで、書架を多く設置したことがありました。来館者の滞在時間が短くなって、たくさん本を借りてくれるみたいな意識がスタッフにあった。それでは本当の SERVICE にならないでしょう。それでも最近の図書館はだいぶ変わってきました。

伊東　いま、図書館の世界では場という言い方をしています。居場所として図書館が見直されてきているという流れがあります。ゲストから見て、図書館のなかで安心感みたいなものが得られてないと居心地も悪いし、長時間いられないいんじゃないかなと思うんですね。図書館は本の貸し出しからゲストの嗜好をつかんでいるじゃないですか。それをよしとしない方はいるわけです。要は、わが家の本箱は見られたくないって気持ちですね。自分の頭のなかをのぞかれるようなものですから。

加納　絶妙な距離感が大事ですね。

伊東　距離感と安心感を得られる空間があって、その安心感の一つは、さっきのトイレの話でいう意味でのホスピタリティーがあるってことじゃないかな、って気はしているんですけどね。

山崎　距離感の話が出てきましたが、加納さんは顧客履歴のことについても少し書いています。図書館業界はこの履歴にかなりセンシティブですね。特に、基本的には読書履歴を残さない、示さないという原則がある。しかし一方でそれをもう少し活用しなければいけないという考え方もあります。

加納　そうですね。お二人とお会いしてから私は一つ腑に落ちたところがあって。やはりまずはじめは厳格に図書館のルールを伝え続けていく、そのあとにゲストと世間話などで距離を縮める。このツーアクションというのは私のなかでは本当に難しかったです。この本でも少しふれていますが、美容室に二回目にいって前回と同じことを聞かれたらゲストはいやになって離れていくと思うんです。先ほどおっしゃった距離感だとか、顧客履歴っていうのは使い方次第でお客の居心地を良くも悪くもすると思うので。入り口だったり、フロアワークだったりで、あなたのことをのぞいていませんけど、見ていますという感覚をお客が肌で感じられれば、先ほど言った安心の空間もできるのかなと思います。

伊東　私は、一線を越えるっていう言い方をしています。図書館のベースとして、知識をいっぱいため込んで利用者に使ってもらう、その段階までは図書館員は一線を引いている。それが安心感につながるだろうと思います。しかし、利用者がこういう資料はないのか、もっとこういう情報がほしいというところへ踏み出したときに、図書館員に接してくれた瞬間に、図書館員は別の接遇パワーを全開にする。あらゆる情報を取り出して、ホスピタリティーの質が変わる。つまりサービスの質が変わるんです。

山崎　レファレンス・サービスを学生に教えるときもそうなのですけど、ゲストの背景にあまり踏み込んでもいけないという原則があります。例えば、どういう目的で質問しているのかと聞かないとか。ところが、細分化されたニーズを考えると、ある程度は把握しないとサービスにならない。例えば、なぜ法律の本が必要なのかがわからないと的確な資料は提供できません。民事裁判になっているからなのか、あるいは法律のことを一から学びたいからなのかで、提供する資料が変わってくる。ビジネス支援サービスなんてまさしくそうなのですね。相手のニーズを先取りして、ターゲットを決めて必要なサービスをしていこうというのが基本的な考えです。情報履歴を決して使わないってことではなく、必要に応じて使っていくことが大切です。レファレンス・サービスに数回きているお客に、この間の質問は忘れていますので、また最初から聞かせてください、ではまずい。さらにレファレンス回答時に私が職員に求めたのは、ゲストへの提案は一つだけに絞るなということです。こういう資料ありませんかという要求に、その答えだけを用意していくとゲストが納得しない可能性がある。相手のニーズがわかっていれば、その背景から考えられるもう一つの提案が必要です。私たちから見るとサービスランクでいうならこれは松竹梅の松。一個答えるのは竹で、答えられなければ梅ですね。

伊東　相手もどんな情報があるかわからないから探しているわけです。そしたら相手がイメージしている情報と必ずしも合うわけでなくて、松のサービスとしてやっぱりこれもいいね、みたいなことはいくらでもあるわけです。

山崎　本の並べ方を見ても、塩尻市立図書館は分類体系にはなってなく、テーマ体系ですね。

伊東　そうですね。潜在的なニーズを掘り起こして、幅広い情報とつなげやすくしているつもりなのですけどね。それも正解がない世界ではありますが。

見せ方のいろいろ

加納　年齢が上がってから初めて利用するっていうときに、おそらく先入観が強くなると思います。図書館とはなんぞやみたいなところから入ってしまいます。そのときに履歴だとか置き方だとか、図書館はこんな施設ですというのをはじめにアピールしていないと、ゲストもわかりにくくて困惑する気がします。ゲストから質問するのではなくて、やはり先にスタッフの言動があったり、ゲストの心を先読みできれば、グレーゾーンの靄は薄れるはずです。初めて図書館を利用した学生が、何でできないのかをたずね、図書館ですからと答えても、それはたぶん伝わらないと思います。ガイドブックを渡すなども一つ必要なのかなと、外から見ると思ってしまいます。

山崎　ゲストが図書館をうまく使えなかったり、あるいは使えないと考えてしまったり。図書館側の見せ方みたいなものが影響することがかなりありますね。

加納　ルールを押し付けるのではなく、図書館ってこんなにいいのですよっていう方向からそれを伝えていくのが大事です。

山崎　行政がホテルをやると失敗することがたくさんあって、民間に移管されると成功しているケースがありますね。どういう違いかというと、ソフトの部分ですね。ハードは同じですから。図書館にも同じことが言えて、同じ建物でも運営者が変わると違ってくる。例えば、加納さんが指摘している椅子の向き方一つでも、そこに意味があると感じます。

加納　つま先から天井まで使って意識を変えていくと、目線が縦に広がっていくので、そうすると常にスタッフがお客を見られる状況になるわけですよね。それをあいさつだけしか教えないと、目の高さでしかないのですよ。そうすると足元が汚かったり、椅子が汚かったりということに気づかない。こんなにデザイナーが入っているのに……。上から下まで、椅子の足元から見るということ。例えば、お辞儀一つでも頭を下げれば相手のつま先を見られるわけなので、どんどん可視範囲は広げられます。

気づくということ

山崎　本書を読む前では、接遇という言葉を誤解する人もいると思います。しかし、書いてある内容はそうではないのですね。加納さんは接遇をSERVICE全体として捉えていこうというところがあり、かなりの部分をその説明に割いているという印象です。

伊東　結局、図書館サービス全体に行き渡る話だな、というのが見えてくるとおろそかにできないし、そうは言っても図書館の職員って、ホスピタリティーの高い人たちがそろってやっていますから、そういう意味では、受け入れやすい部分じゃないかなと思います。特に気づかされやすいものであれば。ただ、いつも自分の図書館しか見ていないとなかなか気づけない。

山崎　新しい図書館にいくと貼り紙があって、もう一年くらいたつものだから紙がふくらんでしまっている。すばらしい図書館なのに、それを見たとき残念だと思うしかない。ちょっとした点ですよね。ほかはすべていいけど、そこだけで評価が下がってしまう。でも、それを変えるのは、気づけば意外と簡単なのです。

加納　図書館長や管理職の力も大きいですね。はがそうと思っても、簡単にははがせない。

山崎　指導する側の人間は特にそういう意識をもたなければいけない。図書館員だと思って閲覧室に入る瞬間にもう終わっています。常に利用する側の人間、ゲストだと思って入っていく必要があります。それを毎日やらないと課題が見えないですね。私自身もできるだけそうしていました。そうしないと、改善ができないわけです。毎日の仕事で感覚が鈍ってきて、時計が止まっていても遅れていてもそれが日常の風景になってしまう。異業種である加納さんの研修や本書が気づきのきっかけになれば、と思います。

伊東　異業種の目に加え、図書館同士の目というのもすごく大事ですね。

加納　私も実際講義して、みなさんからの質問でハッとするときもあります。もちろん、これをやって動いたところ動かないところ、戻るとこ戻らないとこってありますから。それを何年くらいでやって、もっともっとこう気づいて波及していくのかなあというところはいつも気になっていますけどね。

山崎　外からの批判を素直に受け止めにくいところがあって。利用する側からいろいろなクレームを言われても、そんなの私たちからすれば、こうだからできないのだと思ってしまう。でも実際に考えているとクレームには、もっとたくさんの同じように思っている人がいるわけです。この人は特殊な人間だから、この人の言うことだけ聞いたらほかの人に逆に迷惑をかける。それもあるかもしれない。ただそれだけでなく、そこから気づくことやこちらの専門性を使ってうまく改善できるようなことがあるような気がします。たぶん、こういう接遇のところを見てハッと思うことがあるのではないでしょうか。

加納　そのように思っていただけるとありがたいです。

成長の熟成期間を見極める

加納　白河市立図書館を見にいったときに、すごく自由な感じがしました。さりげなく、こうスッとスタッフがくるっていう感じがあります。

山崎　図書館のポリシー、それから図書館長の指導、それを受けての能力がある職員の力が一体となっています。

加納　先ほどおっしゃった一線というのが。ある種プロ風に言うと見えるのですけど、すごく薄い線。ただみんなが、一歩ちゃんと引いているところが、入った瞬間の空気感でわかる。

山崎　貼り紙が見当たらないので、何かあったときにどうするのですか？と館長に聞いたことがありましたが、「口があるでしょう」とさらりと。図書館はクレームがあると、その日のうちに貼り紙が生まれてしまう。そして、その日のうちに作るので、陳腐な貼り紙になってしまう。それが十年二十年と貼られているケースがある。館長が変わるたびに、それが一枚、二枚、三枚、四枚と増える。四枚まで歴代の貼り紙を重ねたところを見たことありますけど。

加納　ワインの熟成みたいですね。

山崎　そうですね。まさしく禁止事項が熟成されている。これじゃ伝わらなかったのでもっと強く書くみたいな。貼り紙で図書館のレベルがわかってしまうのですね。

伊東　そして結局、誰も読まない。

山崎　しっかりとしたマインドとかポリシーを最初に提示しなければ、人が変わるたびに、マナーとか接遇とかサービスとかさまざまなものが全部崩れていきます。

図書館員に求めるコミュニケーション力とは

山崎　図書館員はお客とコミュニケーションをとることによって成長していくし、それで伸びる部分もかなりありますよね。

伊東　ありますね。コミュニケーション力ですね。

加納　何かあればコミュニケーションで、というのが一つの答えだと思います。

伊東　司書課程の学生は、本が好きでくることが多いですね。本好きは当たり前。本嫌いで図書館の仕事をやろうという人はいないから。

山崎　本だけが好きだったら、銀行員になったときにお金が好きだからと言っているようなものです。銀行員も、お金を介してお客にさまざまなサービスを伝えていくというのが仕事でしょう。ホテル業界で、例えばお客にあまり関心ないのだけどホテルのマニアみたいな人、採用しないですよね、きっと。

加納　私が面接官の場合は、人が好きでなければ採用しないです。

山崎　鉄道マニアが鉄道員にはなれない。そこにサービスという非常に大きな概念があって、それを、コミュニケーションを通じて伸ばしたり表現したりしていかないといけない。最近はだいぶ気づくようになったかもしれませんね。

伊東　と思いますよ。

山崎　もっと前に、加納さんがこの業界に現れていたらもっと役割が、顔が変わっていたかもしれません。もっと怒り顔だったかもしれません。

加納　いやいや。

山崎　いまは、塩尻とか、白河とか、紫波町図書館も見てもらって、少しそこを意識した図書館というのが生まれ、方向性が変わってきています。

伊東　さっきの民間と役所がやるホテルと同じで、図書館って公共施設なのです。だから、役所の施設という感覚からスタートしているかぎり、いわゆるお役所仕事みたいになってしまう。そんなもんじゃ全然ないと思います。

山崎　そういう話をいま行政の人にすると、そんなことないって言いますし、実際に変わりつつあります。昔みたいに役人が上から目線で何かやるっていうのは、もう、住民からすぐに否定されますから。

しかし市役所の受付にいて腹を立てる人が大勢いますね。もう少しわかりやすく案内してくれるといくつもの受付をめぐらなくてもいい、とか。図書館でもそういうことありますね。図書館とほかの施設が近いとき、それは「あっちいってください」って。向こういったら、「これは図書館ですよ」って、往復させられてしまう。それではまずいので、冒頭に言ったように、このゲストは何を狙っているのか、何を目的として、どの程度の情報がほしいのかってことを最初に少し聞きたい。聞いてはいけないと言われるけど、それを聞かなければお互いの時間がマイナスになってしまう。美容室の話のように、二度も同じ話をされたらそれは腹を立てるのですね。だから例えば、塩尻もそうですよね、児童サービスと子育て、二つ施設が並んでいて職員同士で連携が生まれている。

加納　目の前にいるゲストをどうやったら笑顔にすることができるかとか、どうやったら顔を上に向けさせることができるか……。それを図書館に応じて変える。山崎さんと伊東さんが指導されてきた図書館では、ゲストに向くスタッフの心の教育が行き届いていて、それが脈々と受け継がれているのがすごいなと。

伊東　SERVICEを与える側にも、いろいろな立場の人がいますよね、その施設のなかに。そういう人たちが、全員ゲストのためにSERVICEをするっていう構図ができるなら、「あそこにいくけど、こういうことにいま悩んでいる人だからお願いね」って次のスタッフに引き継ぐとか。ホテルもカウンターからバッグを運んでもらうところで連携がスーッといきますよね。ゲストに「どちらへいきますか?」なんて聞かずに「どうぞ」とスタッフがやってくれますね。

山崎　行政サービスとそのつなぎがうまくいかなくてね。

伊東　そうなんです。だから結局、ズタズタになってしまう。しかもそれが壁もないすぐそことの連携の話なのに、空間に安心していられない見えない壁があって。ゲストにとって、あそこはもういま私のいる場所ではない感が出てきてしまう施設はまずいのだろうと思います。

さりげない距離感とフォーメーションを

山崎　ホテルでは、そういうつなぎの部分ってどういうふうにされているのですか。

加納　だいたい高級なところだとフォーメーションになるので、一人のゲストに対して見えなくても二人のスタッフでいくっていう感じが必ずある。コンビネーションを使っていきます。ただ、その背景にあるのは図書館と一緒で、コミュニティーをそこで作るので、どっちもコム(com)っていう英語の、ともに、という意味が入ってきて、コンビネーション、コミュニティーでコミュニケーションのほうに入っていくっていう。

山崎　そこにコストがかかっているから。建物が立派だから利用料金が高いってことではないのですね。

加納　人ですね。東京のあるホテルを案内したいですね。どこにいってもスタッフの誰かがマークしています。こういうことなのですよね。ゲストをじっと見るのではありません。この差ですよね。これがあんばいです。

山崎　ビジネスホテルはカウンターしかスタッフが見受けられません。ある程度のシティホテルに泊まるとあちこちに人が立っていて、私は、この人は何をやっているのかなと思っていましたが、いまの話を聞くとつなぎの役目なのですね。

加納　そうです。ですから、図書館であれば、カウンターかフロアワークのどっちかがゲストをマークしているってなれば、たまにいる寝ている人だとか、いちゃいちゃしている人とかは防げると思います。

山崎　図書館用語でフロアワークっていうのはあるのだけど、なかなかそれを重視しているわけではないですよね。実際には。どうしても最初に話に出たようにカウンターワークが中心。

伊東　カウンターに関しては詳しいことをいろいろいうことが多いです。

山崎　なかには外に出られないような造りのカウンターがある。がっちりガードしてしまって、職員がカウンターから出ていくにはカウンターを飛び越えていかないと出られないようなところもあります。

加納　いまは、カウンターから出ないのはSERVICEではないとさえ言われつつあります。カウンターはただの物置でもないですし。なかで作業するスタッフは機密情報を守るべきであって、それ以外のスタッフは出ていって、ゲストと交わっていくという。

山崎　守りながら、出やすい。

加納　そうですね。

身だしなみに意味と統一感を与える

山崎　本書にもありますが、この間聞いたお話で手の組み方も、相手に対して危害を加えないよう注意するとか、右手（利き手）を下に、なんてこと、そもそも図書館スタッフは誰も考えていないですけど。

加納　形ではないです。ただこれをやるなら全館統一したほうがいいということで、入り口でAの型の人がいて、フロアワークにはBの型の人がいるっていうのはおかしい。ある種の身だしなみです。ユニフォームみたいなものだっていうふうにもっていけばわかりますよ。きょうからこれって引き継ぎにただ書いただけなら、またどっかで崩れていくだけです。

山崎　図書館のエプロンはどう思います。

加納　エプロンは非常に難しい。例えば、らしさがあればいいのかもしれない。ただ、それが図書館としてちょっと古臭いみたいなことがあればやめたほうがいいかもしれない。でも、もしかしたら業界を変えてみると、蝶ネクタイしているラウンジがあるところはどう思うかというと、私はクラシカルで好きですし。ただ逆に、オープンな、ネクタイさえしなくてボタンをはずしているようなところもありますよね。そういうところにいけば、それは「らしさ」だとは思いますけどね。

山崎　ペンションにいって蝶ネクタイしてたら違和感ありますね。服装は型ではなく、自分たちのパフォーマンスを表す部分ですね。

加納　そうですね。教える分母のところが、例えば、航空業界の人がくれば、偏見かもしれませんが首にスカーフを巻くのが増えるかもしれません。かわいいからと、意味なくつけるとおそらく業界は崩れていくと思います。病院でもそのようにエレガント風にやっているところは多いですけどね。病院らしさってなんだろうって言ったときに、全員白衣なのかっていうと、いま白衣着ているところは少なくなってきましたね。このあたりは、ある種、心理的にいえば白衣だから怖いとか恐怖感をなくすための策の一つなのかなという気もします。ならば、逆に入りやすい服装とはどんなだろうっていったときに、エプロンがいい場合もあると思うのですね。

山崎　ただ、やはり何か相談したい相手にエプロンはしてほしくないし、させたくもない。

伊東　塩尻は、それが理由で、えんぱーくを作るときにカウンターとフロアでのエプロンはやめました。結局、人生相談じゃないですけど、仕事の相談とかにきているときに、エプロンの人が出てきて相手するって、中身は変わらないはずなのだけど、ちょっと違うかなという。

山崎　作業するときとか幼児向けにはエプロンは必要だと思いますよ。

加納　難しいですよね。私が一つ軸にしているのは、いまやっているドラマとかで何をつけているかってよく見ますね。昔の医療ドラマで胸にペンを差していましたが、いまは差していないとか。図書館司書がメインのドラマでは、よくエプロンをつけています。

山崎　図書館員はエプロンをつけるというステレオタイプ。そのサービスをいま変えようとしている。それが弊害になる場面もあるし、必要なときもあります。やっぱりケースバイケース。ただ、なんとなくほかもやっているから自分たちもエプロンを、というのでは少し問題があるということですね。

加納　図書館にもよりますけど、私だったら、エプロンの色を変えてランクを分けてしまうとか。コーヒー店もそうですね。あるコーヒーショップではブラックエプロンをつけている人がいて、その人に聞けばプロフェッショナルな質問に答えてくれるというくらいの差。ただそこには共通のものがあるので。もちろんエプロンじゃなくてシャツが同一であるとか。でもエプロンしていても下にすごいアロハを着ている人もいれば、白いシャツの人もいますし、そっちのほうがエプロンよりも目立ってしまう。

山崎　どこかで共通性をもたせて。

伊東　そうですね。スタッフだとわかりやすいってことが大事。

山崎　ゲストもユニフォームを着ていると図書館スタッフだってすぐわかって、声をかけやすいというのは確かにありますね。

加納　かなりハイレベルになると、スタッフであることを醸し出せというところもあるのですけど。ある外資系ホテルでは当初ユニフォームが一切なかったのです。髪形とか服装とかで醸し出せ、と。名札もつけない。

山崎　それでわかるのですか?

加納　それで醸し出せないといけない。私も二十年前はやらされました。自分が勤務していないホテルにいってトイレの前に立っていろ、と。お客から声をかけられたらＯＫ。かけられるまで帰ってくるな、と。とんでもない試験をやったことがあります。いまではいろいろと危険ですよね。

山崎　制服でない部分で、雰囲気を出せる力がないと、やはりいけない。

加納　そうですね。図書館スタッフの身だしなみとか雰囲気の枠にハマるものがあれば、少しはみ出しても、らしさというのはできてくるかもしれません。

山崎　私も伊東さんも、意識のないエプロンを否定してやってきたのです。秋田県立図書館でエプロンを使わせなかった。バックヤード以外はダメだ、といって、ほかの制服を用意した。ユニフォーム着ることがスタッフにとって誇りでなければいけない。紫波町図書館はその意識があり、自分たちのデザイン感覚でユニフォームを作っていて、司書の人たちは、いろいろなところで発表するときに必ずユニフォームをもっていってそれを着て話すのです。一回転してからね。

伊東　いいですよね。すばらしい。誇りをもてるって幸せですよね。

加納　すばらしいと思います。

伊東　もう一つ、利用者側から認知されるというのはとても大事で、塩尻の場合はユニフォームを買わないことにして、そのかわりに私服で上を白に決めて、下が黒。

山崎　そうなのですか。ユニフォームじゃないのですか？

伊東　ユニフォームではないです。上が白のシャツ、下が黒いパンツかスカートで統一しているだけです。

山崎　自主的なのですね。

伊東　そうです。それを決めたのも職員自身です。図書館にいても、職員がひと目でわかる安心感って、すごく大切じゃないですか、利用者にとっては。

山崎　わかりやすいですね。

伊東　しかもその職員に信頼感があれば、図書館としての安心感に即つながるわけです。

目前心後という気構え

山崎　マインドの部分が後ろに、考え方の部分が後ろにあったのですね。でも、考えが形になってくるのはすばらしいですね。なかなかそうはいかない。形に表す部分を上からすべて押し付けてしまうと、なかなか根づかない。

伊東　形ばかりじゃなくて、いまの話みたいに自分から発散して何もしていなくてもわかってもらうってすごいことだと思います。

加納　やはり動きが大事です。

伊東　背を向けるなっていう指示もいいけど、体の半分は背中なので、どっちかには向かないといけない。私が言っていたのは背中にも目をつけようということです。いつも気配りを八方にしているっていう気構えですかね。それはきちんともってほしい。さっきの話のように、カウンターからだけ八方を眺めてもダメで、やっぱり向こうで返本している人、向こうに電気をつけにいった人、何かの案内をしている人がそこに集中するのではなくて、いつも八方を見ている。それがあれば、図書館のなかでそれが交錯するわけで、それがゲストにとってのいい図書館空間を作り出すだろうと思います。

山崎　本書に風船みたいな人的なバリアという話があり、大変興味をもちました。図書館ではサービスカウンターに、バーンとスタッフがいて、ゲストはそこになかなか相談しにいきにくいですが、フロアワークだと声かけられますよね。

加納　やはりその風船って、その日のバロメーターによっても変わってくるのですけども。いまの話は初期段階なのですが、これが今度四方向に全部ついてくるようになって。クラスが上がると、「目前心後」という世阿弥の言葉を使います。目は前を向け、心は後ろに置けという言葉で、必ず後ろにしか意識がいかないですね。前は自然と脳に入ってくるわけですよ。いま後ろに三、四人いるだろうなっていうように、常に意識を張っておく。そうすると、四方どちらからの風船も押されるのがわかる。

山崎　仏の領域ですよね。多眼ですからね。

伊東　カウンターで、どうしてもやることがあるのでカウンターの上を見ちゃう、という行為は、行動的にはあるのですが、利用者がきたときに、その人がカウンターの前にくるまで気づかなかったら負けだぞ、と。

山崎　センサーがないとね。むしろ入ってきたときからゲストを目で追っかけて、にらみつけてここにこい、みたいな。それでは逆になかなかきてくれないですね。むしろ、さりげなく仕事をしながら、バリアを消すことで、センサーがあればさっとゲストが入ってきてくれる。

加納　パソコンの角度でもかなり目線は変わってきますからね。画面を寝かせてしまえば下を向いてしまいますし。

山崎　ちょっと立てることによって目線が違う。若干ずれる。

加納　それを考えてから照明を考えてくれるともっといいですね。

山崎　設計する側もそういう意識が必要なわけで。ただかっこいいデザインだけでなく、なぜこういうのが必要なのか、という。心理的なものから始まるかなと思います。

さて、図書館員に向けた期待を最後に一言お願いします。

加納　繰り返しになるのですが、マニュアルではなくて、心を鍛える場を作っていただいて、それが脈々と伝わっていくような職場、図書館業界を作ってもらえるとうれしいなと思います。そのための応援や技術などはいくらでも教えることができますので、接遇、本書では技術面を多く書きましたけど、実はマインドの部分の鍛え方もあるので、そういったところもまたみなさんとお話しできる機会があったらうれしいかぎりです。このようなお二人とお話しできて、汗が止まらないです。貴重なひとときでした。ありがとうございます。

5 あとがき

SERVICEは魔法ではないので、一日にしてすべてが変化するわけではありません。いちばん重要なことは、経営者やマネージャー職、図書館でいえば館長がまずSERVICEを重視して大切にしていただけば、その施設は大きく変化します。長年かけて積み上げてきたSERVICEはものの十秒で壊れるほどもろく、一度壊れたものは再生にまた長い年月がかかるといわれています。最初はおっくうでしょうが、ゲストへの接遇の意味をしっかりと理解し、継続することで慣れ、そしてその慣れを継続しなければ気持ち悪いといった感覚で現場を回していけば、きっと数カ月先には業務がより楽しくなるはずです。

本書で紹介した接遇はほんのわずかです。筆者はマニュアル化を好まないので、本書の内容を、各現場で応用するのではなくそのまま使用することには少々抵抗があります。SERVICEでもう一つ重要なこと、実はそれは毎回の微調整なのです。いいあんばいが続かなければゲストは離れていきます。たとえ技術が高くても、ゲストの飽きに鈍感で、微調整できないようではだめです。言動の一つひとつに意味をつけて、調整し続けてください。キハラに連絡してくださったら、みなさんの図書館を診察して、解剖して、科学して、何が最善・最適・最高かを塩一粒に及ぶまで細かく提言します。それこそがSERVICEの究極空間の一つだと信じています。

最後に、私の接遇の最高の理解者であり、出版に向けて背中を押してくださったキハラ代表取締役の木原一雄さん、そして接遇を大切にしてくださるキハラ社員のみなさんに心からのお礼を申し上げます。そして、この場を借りて、私の接遇の基盤を創作してくれたSERVICEの大恩師ホリー・スティール女史、コンシェルジュの世界を体感させてくれた阿部佳さん、さらに、おもてなしとサービスオフィサーのすばらしさを教授してくださる坂本裕之さんに深く深く感謝を申し上げます。SERVICE に終わりはなく、本書が図書館を筆頭に、すべての SERVICE 業向上につながるきっかけになればうれしいかぎりです。

なお、コラム1と2はキハラの実践型接遇研修で受講者に配っている内容です。空間管理や接遇のヒントに活用してください。

意味ある接遇が一人でも多くのゲストの笑顔につながることを期待しながら……、そしていずれみなさんと出会えることも祈りながら……。

また、本書の出版にあたって多大なお力添えをいただいた前秋田県立図書館副館長の山崎博樹さん、松本大学図書館長の伊東直登さん、ご協力いただいた全国の図書館のみなさま、そして本書を手に取って読んでくださる図書館や読者のみなさまに心からの感謝を申し上げます。

ありがとうございます。Thank you very much.

二〇一八年六月二十五日　加納尚樹

特別協力

山崎博樹（やまざき ひろき）

前秋田県立図書館副館長。ビジネス支援図書館推進協議会副理事長、知的資源イニシアティブ（IRI）理事、ライブラリー・オブ・ザ・イヤー選考委員長

伊東直登（いとう なおと）

松本大学図書館長。元長野県塩尻市立図書館長、長野県図書館協会副会長、松本市図書館協議会会長

キハラ株式会社

1914年、図書館製本や紙加工を業として東京・神田神保町で創業。図書館設備、家具・用品、コンピューターシステム、製本業を手がける図書館のトータルプランナー。接遇マインドを盛り込んだ図書館基本構想の提案や実践型の図書館接遇の普及にも力を入れている
ウェブサイト https://www.kihara-lib.co.jp/

写真提供

恩納村文化情報センター
北茨城市立図書館
紫波町図書館

編集協力（キハラ株式会社）

企画協力：木原一雄、村重裕治、木原正雄
挿絵図解：山本広幸、壇上まりあ
編集校正：広島哲夫、池田貴儀

［著者略歴］
加納尚樹（かのう なおき）
1971年、東京都生まれ
接遇コンサルタント
イギリスの大学でホテル経営学を学び、帰国後、多くのホテルで主に教育担当とレ・クレドールメンバーのコンシェルジュとして勤務。独立後、ホテル・医療施設・高級車販売店・トレーニングジム・役所・リゾート地ほか、図書館以外でもコンシェルジュマインドを軸に現場に合わせた接遇とSERVICE全般を教授している。内容は、マニュアルサービスを排除して、一般的なサービスやマナーではなく、完全にゲスト目線で、心理科学的にゲストが喜んで快適に過ごせるように各現場にふさわしい生きたサービスとホスピタリティーを提供。その幅は広く、きめ細かな言葉遣いから顧客心理管理、クレーム処理、ゲストとの距離感、接客時の秒数の使い方や空間管理などにまで及ぶ

ホテルに学《まな》ぶ図書館接遇《としょかんせつぐう》

発行――2018年7月18日　第1刷
定価――1800円＋税
著者――加納尚樹
発行者――矢野恵二
発行所――株式会社青弓社
〒101-0061 東京都千代田区神田三崎町3-3-4
電話 03-3265-8548（代）
http://www.seikyusha.co.jp
印刷所――三松堂
製本所――三松堂

ISBN978-4-7872-0067-9　C0000

富田昭次

「おもてなし」の日本文化誌

ホテル・旅館の歴史に学ぶ

「快適性と満足度を高める」――客人をもてなす過剰ではないこまやかなサービスの精神とは何か。ホテルと旅館に関する逸話を集め、所蔵する図版を示して、「おもてなし」文化の成り立ちや幅広さを縦横に描く。　定価2000円＋税

大串夏身

図書館のこれまでとこれから

経験的図書館史と図書館サービス論

地域住民のために本と知識・情報を収集して提供し、仕事や生活の質を向上させ創造的な社会を作るための公共図書館がレファレンスの専門職として知識と技能を高めていく基盤を、40年間の経験も織り交ぜて提言。　定価2600円＋税

岡本 真／ふじたまさえ

図書館100連発

全国の1,500館を訪問して見つけた、利用者のニーズに応えるためのアイデアやテクニックをカラー写真とともに100個紹介する。ユニークな実践を多くの図書館が共有して、図書館と地域との関係性を豊かにしよう。定価1800円＋税

小川 徹／奥泉和久／小黒浩司

人物でたどる日本の図書館の歴史

佐野友三郎、浜畑栄造、田所糧助、韮塚一三郎、森博――日本の図書館の草創期に、苦闘を重ねて「開かれた図書館」づくりに邁進した５人の業績を丹念にたどり、公共図書館が市民生活に及ぼした意義と成果を描く。定価8000円＋税

吉井 潤

仕事に役立つ専門紙・業界紙

専門紙・業界紙400を分析して、ビジネス・起業・就活にも役立つように専門用語を避けてわかりやすくガイドする。激動する情報化社会のなかで、図書館のビジネス支援や高校生・大学生が社会を知るためのツール。定価1600円＋税